AF193470

COMUNIDAD CRISTIANA, COMUNIDAD INICIÁTICA

Asociación Española
de Catequetas (AECA)

Dirección editorial
Francisco Javier Navarro Marín

Coordinación editorial
Mario González Jurado

Edición
Asier Varela García

Revisión
Consejo directivo de la AECA

Diseño y maquetación
MT Color & Diseño

Diseño de cubierta
Estudio SM

© 2024, Asociación Española de Catequetas (AECA)
© 2024, PPC Editorial y Distribuidora, S. A.
Parque empresarial Prado del Espino
Impresores, 2
28660 Boadilla del Monte (Madrid)
ppcedit@ppc-editorial.com
www.ppc-editorial.es

ISBN: 978-84-2884-234-1

Depósito legal: M-25011-2024

Impreso en la Unión Europea / *printed in European Union*

PRESENTACIÓN

Juan Carlos Carvajal Blanco
Universidad Eclesiástica San Dámaso
Director de la revista *Teología y Catequesis*
Presidente de la AECA

Santiago García Mourelo
Universidad Pontificia Comillas
Director de la revista *Catequistas*
Secretario de la AECA

Como es habitual, del día 5 al 7 de diciembre de 2023 se celebraron en Madrid las XXXIII Jornadas de la Asociación Española de Catequetas (AECA). Esta vez el tema que nos convocaba —elegido por los socios en la Asamblea del año anterior— llevaba por título: "Comunidad cristiana-comunidad iniciática". Sin duda, un tema sugerente, pero no exento de dificultades.

En efecto, pronto salta a la vista la correspondencia que existe entre ambos términos. Es inconcebible una comunidad que, alentada por la vida nueva del Evangelio, no inicie en la fe. Y, al mismo tiempo, es imposible imaginar unos verdaderos procesos iniciáticos que no concluyan con la incorporación de los que los han seguido en la comunidad cristiana que los ha acompañado y dado a luz.

Y sin embargo —como decimos—, la correspondencia entre comunidad e iniciación cristiana no está exenta de dificultades. No hace falta mucha argumentación, porque es suficiente con observar nuestras parroquias, asociaciones y comunidades para darnos cuenta de que, en muchos casos, los procesos catequísticos e iniciáticos no se sustentan en una base comunitaria y que, por las mismas, esos procesos no concluyen con la incorporación de los iniciados en la vida eclesial entendida de una manera comunitaria.

Pues bien, este es el trasfondo de la temática elegida para su estudio y reflexión en las XXXIII Jornadas de la AECA. De hecho, las dificultades anteriormente señaladas se pusieron en evidencia en las ponencias que en las Jornadas se pronunciaron y en los diálogos entre los socios desarrollados posteriormente. Por esta razón, y para articular coherentemente la publicación del presente *Cuaderno AECA* 20, se han recogido algunas de esas ponencias y se han complementado con otros textos escritos por miembros de la Asociación que el Consejo de AECA se los ha pedido para la ocasión.

El primer texto: "Comunidad cristiana-comunidad iniciática: una relación por rehacer", recoge la ponencia de apertura de las Jornadas. Pronunciada por Juan Carlos Carvajal, pone en conexión el tema elegido con la temática tratada en otras Jornadas. A partir de ese punto, se acerca a las comunidades eclesiales y a su actividad iniciática para analizar cómo, por muchos motivos, se ha roto esa circularidad, llamémosla, connatural que debería existir entre la comunidad cristiana e iniciación, e incita a hacer un esfuerzo por rehacerla, en ello va el cumplimiento del mandato misionero que Jesús dio a su Iglesia: "Id y haced discípulos" (*cf.* Mt 28,18-20).

El segundo texto, de Eduardo Lorenzo, lleva por título: "La comunidad cristiana en la catequesis". Con su trabajo, el delegado de catequesis de la diócesis de Orihuela-Alicante y socio de AECA trata de clarificar los términos: ¿a qué llamamos comunidad cristiana?, prestando una especial atención a la parroquia como comunidad de comunidades; ¿cuáles son los desafíos a los que hoy se enfrenta la catequesis y las oportunidades que le ofrece el contexto actual?; para después –de la mano de los documentos catequéticos y, especialmente, del *Directorio para la catequesis*– desarrollar con amplitud la relación que debe existir entre comunidad y catequesis y cómo esta es, en realidad, una iniciación en la vida comunitaria-eclesial.

El tercer texto, por título: "Comunidad e iniciación a la vida cristiana", recoge la intervención final de Santiago García Mourelo. Como secretario de la asociación, recogió tanto los núcleos desarrollados en las ponencias como las resonancias y diálogos posteriores. En su texto, se pone de manifiesto las condiciones básicas que una comunidad ha de articular para la iniciación: la escucha –a Dios, al interior de la comunidad y al exterior de esta– y el cuidado de la proximidad y de los vínculos. A partir de ahí, se pregunta: ¿qué comunidades para la iniciación? Y ¿qué iniciación a la vida cristiana en las comunidades?, tratando de responder, de forma incisiva y sugerente, sobre algunos aspectos que pueden ser relevantes en la acción cotidiana de nuestras comunidades.

El *Cuaderno AECA* se cierra con dos experiencias. La primera, escrita por Ángel Luis Caballero, párroco de la parroquia de la Santísima Trinidad de Madrid, recoge lo expuesto en la visita que los miembros de la asociación hicieron a su comunidad parroquial. El interés de esta experiencia radica en observar cómo una parroquia urbana se constituye en comunidad de comunidades y, con criterios claros, ofrece el *humus* necesario para que los procesos de catequesis, al tener un arraigo en la vida eclesial, faciliten la incorporación de los nuevos cristianos a la propia comunidad. La segunda experiencia tiene un carácter más personal. Rodolfo Pérez, miembro de la AECA, da testimonio de su dilatada experiencia personal y pastoral en torno a la comunidad. Resulta especialmente interesante los apuntes que ofrece sobre la iniciación en el ámbito rural.

Terminamos la presentación de este volumen con dos afirmaciones extraídas del *Directorio general para la catequesis* y retomadas posteriormente por el *Directorio para la catequesis*. Estas afirmaciones, en sí mismas, son fuente de inspiración y un verdadero programa para cualquier proceso de catequesis que se precie:

La comunidad cristiana es en sí misma catequesis viviente. Siendo lo que es anuncia, celebra, vive y permanece siempre como espacio vital indispensable y primario de la catequesis (*DGC* 141, citado en *DC* 164).

La comunidad cristiana es el origen, lugar y meta de la catequesis. De la comunidad cristiana nace siempre el anuncio del Evangelio, invitando a los hombres y mujeres a convertirse y a seguir a Jesucristo. Y es esa misma comunidad la que acoge a los que desean conocer al Señor y adentrarse en una vida nueva (*DGC* 254, citado en *DC* 133).

SIGLAS

AA	Concilio Vaticano II, decreto sobre el apostolado de los laicos *Apostolicam actuositatem* (18-XI-1965)
AG	Concilio Vaticano II, decreto sobre la acción misionera de la Iglesia *Ad gentes* (7-XII-1965)
CC	Comisión Episcopal de Enseñanza y Catequesis, *La catequesis en la comunidad. Orientaciones pastorales para la catequesis en España, hoy* (22-II-1983)
CCE	*Catechismus Catholicae Ecclesiae* (11-X-1992)
ChL	Juan Pablo II, exhortación apostólica postsinodal *Christifideles laici* (30-XII-1988)
CT	Juan Pablo II, exhortación apostólica postsinodal *Catechesi tradendae* (16-X-1979)
DC	Pontificio Consejo para la Promoción de la Nueva Evangelización, *Directorio para la catequesis* (23-III-2020)
DGC	Congregación para el Clero, *Directorio general para la catequesis* (15-VIII-1997)
EG	Francisco, exhortación apostólica *Evangelii gaudium* (24-XI-2013)
EN	Pablo VI, exhortación apostólica *Evangelii nuntiandi* (8-XII-1975)
GS	Concilio Vaticano II, constitución pastoral sobre la Iglesia en el mundo actual *Gaudium et spes* (7-XII-1965)
LG	Concilio Vaticano II, constitución dogmática sobre la Iglesia *Lumen gentium* (21-XI-1964)
NMI	Juan Pablo II, carta apostólica *Novo millennio ineunte* (6-I-2001)
RM	Juan Pablo II, carta encíclica *Redemptoris missio* (7-XII-1990)
RICA	Congregación para el Culto Divino, *Ritual de la Iniciación Cristiana de Adultos* (6-I-1972)
SC	Concilio Vaticano II, constitución dogmática sobre la sagrada liturgia *Sacrosanctum Concilium* (4-XII-1963)
VD	Benedicto XVI, exhortación apostólica *Verbum Domini* (30-IX-2010)

1

COMUNIDAD CRISTIANA-COMUNIDAD INICIÁTICA: UNA RELACIÓN POR REHACER

Juan Carlos Carvajal Blanco
Universidad Eclesiástica San Dámaso
Director de la revista *Teología y Catequesis*
Presidente de la AECA

Las Jornadas de la AECA de este año llevan por título: "Comunidad cristiana-comunidad iniciática". Ambas expresiones, que llevan como sujeto la comunidad, en el título van unidas por un guion. Este pequeño signo ortográfico manifiesta que es imposible pensar en una comunidad cristiana que, en obediencia al mandato misionero de Jesús (*cf.* Mt 28,18-20), no contribuya –a su modo– a la iniciación de sus nuevos miembros. Dicho de una manera más explícita. *La novedad que trae consigo el acontecimiento de Jesucristo* y que configura el carácter cristiano de una determinada comunidad humana implica necesariamente –repetimos, al modo propio de cada realidad eclesial– *una proyección iniciática* por la que introduce a sus nuevos miembros en dicha novedad. Esta correlación es tan propia que, si una comunidad cristiana no contribuyera con su propia vida y actividad a testimoniar y a introducir en la novedad pascual de Jesucristo, cabría preguntarse sobre la vitalidad-calidad de su propia vida cristiana.

1 EN CONTINUIDAD CON LAS JORNADAS ANTERIORES

❶ ¿Cómo hemos llegado a la elección del tema?

El tema de la presente Jornadas, como no puede ser de otro modo, fue el resultado de la elección por parte de la mayoría de los asistentes en la Asamblea General Ordinaria de 2022. Sin embargo, dicho tema venía de más atrás. En las últimas Asambleas de la asociación, daba la sensación de que fuera cual fuera el tema que tratábamos, una y otra vez, nuestras reflexiones iban a parar en la comunidad cristiana. En efecto, basta con hacer una breve referencia a las temáticas de las últimas Jornadas de la AECA, para observar cómo se cumple lo que acabo de decir.

— En 2018 el tema de las Jornadas fue: "El acompañamiento en catequesis"[1]. En estas Jornadas buscábamos detectar los rasgos particulares que debían caracterizar el acompañamiento en la catequesis. Pues bien, desde un primer momento observábamos que es en la catequesis de iniciación donde los cristianos aprenden la dinámica particular que conlleva el acompañamiento en la fe. Así, en este marco, aparecía con claridad que la triada comunidad-acompañamiento-iniciación resulta sustantiva para que los discípulos-misioneros sepan acompañar, en su vida apostólica, a otros hacia el encuentro con Cristo:

> Solo una comunidad que acompaña a sus hijos a la hora de alumbrarlos en la fe sabrá acompañarlos en cualquier situación. Solo quien tiene experiencia de haber sido acompañado hacia Cristo sabrá acompañar a otros hacia el encuentro con él[2].

— En 2019 la Jornadas se celebraron bajo el título: "Acompañar para iniciar en la vida cristiana"[3]. Nuevamente, en este caso, el punto de mira no estaba puesto tanto en el acompañamiento, considerado en abstracto, cuanto en la dinámica pedagógico-espiritual (*tirocinio*) por la que, sobre la base del acompañamiento, la catequesis introduce e inicia en las diferentes dimensiones de la vida cristiana, condición necesaria para iniciarse en la fe y ser partícipes de la vida de la Iglesia. También aquí la referencia a la comunidad no admitía discusión. La cita es extensa pero muy significativa:

---

[1] ASOCIACIÓN ESPAÑOLA DE CATEQUETAS (AECA), *El acompañamiento en catequesis*, Madrid 2019.

[2] *Ibid.*, 6.

[3] ASOCIACIÓN ESPAÑOLA DE CATEQUETAS (AECA), *Acompañar para iniciar en la vida cristiana*, Madrid 2020.

La comunidad cristiana es el seno maternal donde los discípulos de Jesús son engendrados como hijos de Dios. Ella, en un primer momento inicial (¡que se hace iniciático!), ofrece a la persona que quiere iniciarse la ayuda de su propia vida comunitaria y la del catequista. La comunidad y el catequista actúan sabiendo que preparan "para facilitar el crecimiento de una experiencia de fe de la que él (el catequista y la comunidad) no es dueño. Ha sido depositada por Dios en el corazón del hombre y de la mujer. La tarea del catequista es solo cultivar ese don, ofrecerlo, alimentarlo y ayudarlo a crecer" (*DGC* 244). Este acompañamiento de la comunidad, que el catequista sirve, pero no suple, es el que permitirá que los iniciados se reconozcan miembros de la Iglesia, participes de su vida y misión[4].

— Tras el obligado paréntesis por causa de la pandemia de la CO-VID-19, en el 2022, volvimos a retomar la presencialidad de nuestras Jornadas. En esa ocasión, haciendo honor al cincuenta aniversario de la promulgación del *Ritual de la Iniciación Cristiana de Adultos*, nuestra reflexión se centró en este *Ritual* que tanto ha marcado y sigue marcando la catequesis posconciliar. Sin embargo, bajo el título "Comunidades que inician discípulos misioneros. A los cincuenta años del *RICA*"[5], la comunidad cristiana se convertía en una clave fundamental para nuestra lectura y comprensión del *Ritual* y la inspiración catecumenal de la catequesis que de él deriva. De hecho, el número cuarto de las "Observaciones previas" se convirtió en brújula de toda la reflexión de las Jornadas:

La iniciación cristiana de los catecúmenos se hace gradualmente, en conexión con la comunidad de fieles que juntamente con los catecúmenos consideran el precio del ministerio pascual y, renovando su propia conversión, inducen con su ejemplo a los catecúmenos a seguir al Espíritu Santo con toda generosidad.

❷ El interés del tema

A la hora de mostrar el interés del tema, no se me ocurre mejor inspiración y cita de autoridad que esta que acabamos de reproducir. En

---

[4] *Ibid.*, 4.

[5] En esta ocasión, las actas de las Jornadas se han publicado bajo otro título: ASOCIACIÓN ESPAÑOLA DE CATEQUETAS (AECA), *Iniciar en el misterio de la fe*, Madrid 2023.

efecto, bajo el título: "Comunidad cristiana-comunidad iniciática", nuestras Jornadas buscan reflexionar sobre el *vínculo connatural* que existe entre la novedad cristiana que late y configura la comunidad eclesial y el dinamismo iniciático que requiere esta novedad para poder participar en ella. Esto es lo que, tal como dijimos, hemos querido mostrar con el signo gramatical del guion. Pero, para comprender su verdadero alcance, este guion debe ser entendido en *un sentido bidireccional*: solo una comunidad cristiana puede ser comunidad iniciática, pero, a la vez, solo una comunidad iniciática puede ser verdaderamente cristiana.

Esto es, justamente, lo que viene a iluminar el texto del *RICA* que hemos citado anteriormente. La iniciación de los discípulos de Jesús –catecúmenos o catequizandos– se ha de realizar en contacto con la comunidad de los fieles, pues esta, con su ejemplo, los induce a seguir los impulsos del Espíritu Santo con toda generosidad. Pero ¿cómo esta comunidad aquilata su carácter testimonial y, por tanto, referencial para los que se inician en la vida de fe?

El texto en este punto es meridianamente claro: en la medida en que los miembros de la propia comunidad, juntamente con los catecúmenos o catequizandos, consideran el precio del misterio pascual que les ha otorgado la vida nueva y renuevan su propia conversión. En realidad, la comunidad cristiana se constituye, se consolida y cumple su misión evangelizadora en la medida en que se comprende y proyecta como comunidad iniciática.

Así pues, el interés del tema que traemos a estas Jornadas no solo radica en contemplar la conexión connatural que existe entre la comunidad cristiana y su misión iniciadora –por lo demás, corazón de la misión que ha recibido de su Señor glorificado–; sino en comprender cómo, al iniciar en la vida cristiano-eclesial, la comunidad, además de ampliar el número de sus miembros, actualiza y profundiza su enraizamiento en el acontecimiento pascual de Jesucristo y renueva la vida cristiana de sus fieles. Esta segunda parte, aun siendo de importancia capital, habitualmente es poco contemplada. De ahí que en la vida y práctica pastoral de nuestras comunidades la falta de participación de sus miembros en la actividad iniciática se traduzca en la debilidad de la propia experiencia de fe y de la misma trama comunitaria.

2 UNA MIRADA A LA ACTIVIDAD CATEQUÍSTICA DE NUESTRAS COMUNIDADES ECLESIALES[6]

A nadie se nos oculta que esa circularidad que debe existir entre la comunidad cristiana y la comunidad iniciática hoy es altamente problemática. No es el momento de analizar las causas de tipo cultural y sociológico que pueden estar en la base de esta situación: el carácter problemático de la verdad, el emotivismo, el individualismo, la crisis del asociacionismo, etc. Ni tampoco examinar los condicionantes históricos que siguen latiendo en la configuración actual de nuestras comunidades: un cristianismo configurado culturalmente, una Iglesia identificada con la jerarquía, la reducción doctrinal y ética de la fe, etc. Nuestra perspectiva es mucho más humilde. Simplemente queremos echar *una mirada a nuestras comunidades eclesiales y a su actividad iniciática* para observar cómo, por muchos motivos, se ha roto esa circularidad que anteriormente hemos calificado de connatural. Así, primero vamos a prestar atención a las personas que se acercan a la catequesis para después, en una escala ascendente, ir de lo más particular a lo más global, es decir, de la catequesis a los catequistas, de estos a la comunidad y de la comunidad eclesial al misterio de comunión que media.

❶ Personas que buscan un servicio religioso

No hace falta acudir a los estudios estadísticos para observar que cada año que pasa la población española es menos católica, que su vinculación eclesial disminuye a marchas forzadas y que la recepción de los sacramentos se va desvinculando de las tradiciones familiares. Basta con observar la vida de nuestras comunidades eclesiales, especialmente las parroquiales, para constatar que nuestras asambleas litúrgicas cada vez

---

[6] Sobre el tema remitimos a nuestro estudio: J. C. Carvajal Blanco, "Comunidad cristiana, comunidad iniciática": *Teología y Catequesis* 131 (2015) 97-130; también F.-X. Amherdt, "La comunidad, lugar donde se alimenta la fe": *Sinite* 171 (2016) 35-55. Para el tratamiento que hace la comunidad cristiana en el *Directorio para la catequesis*, cf. G. Aboín Martín, "La comunidad cristiana, matriz de una catequesis que inicia en la fe", en: J. C. Carvajal Blanco-R. Delgado Escolar (eds.), *Directorio para la catequesis. Acogida y perspectivas*, Madrid 2022, 137-163.

están más vacías y son más mayores; que el número de los que se acercan a los sacramentos disminuye y que existe una selección entre los artículos que componen el Símbolo de la fe. No obstante, a pesar de estos fenómenos –los cuales indican la medida en que el secularismo y la increencia poscristiana han penetrado en el *ethos* de nuestra sociedad–, todavía muchos se acercan a la Iglesia pidiendo servicios religiosos. No es fácil saber qué es lo que está en la base de esta demanda. En algunos pesa la inercia de las tradiciones, en otros el deseo de satisfacer unas necesidades simbólico-religiosas, y no falta, ciertamente, los que desde una conciencia cristiana quieren vivir los elementos esenciales de la fe. Las motivaciones pueden ser diferentes, pero entre los que se acercan a la Iglesia se dan unos denominadores comunes que están en la base del *desfase entre lo que solicitan y lo que las comunidades eclesiales desean ofrecerlos.*

— Muchas personas que se acercan a la Iglesia, consciente o inconscientemente, acuden con *una mentalidad de mercado*: ellos van a la Iglesia guiados por sus propios intereses y esperan que la "sucursal eclesial" se lo satisfaga con el menor costo. Para la Iglesia, los procesos catequísticos y aun catecumenales son condiciones necesarias para una recepción fructífera de los sacramentos; sin embargo, para los demandantes son "el precio a pagar" para lograr su objetivo. Realmente, es difícil que, a partir de esta concepción mercantil, la cual distorsiona la relación entre los que se acercan a la Iglesia y la comunidades cristianas, pueda desarrollarse una acción pastoral que logre poner en el centro el acontecimiento cristiano y la promoción de la fe que este supone.

— Esto, además, se ve agravado porque, en la mayoría de las ocasiones, en los que se acercan a la Iglesia *no hay una verdadera disposición para la fe.* Como hemos dicho, las motivaciones para pedir un servicio religioso pueden ser muy variadas, pero pocas veces están atravesadas por un deseo discipular de conocer a Jesucristo y acoger el misterio salvífico que porta. En el mejor de los casos, hay un vago sentimiento religioso o un deseo de adquirir o profundizar en una visión ética de la vida para sí o para los hijos; pero pocas –muy pocas veces– se busca a Jesucristo en la Iglesia, y menos se está dispuesto a acogerlo en la fe y aceptar las implicaciones que pueda tener en todos los órdenes de la vida. Este hecho nos ayuda a comprender por qué el modelo escolar sigue perpetuándose en la catequesis y por qué hay tanta resistencia en asumir un modelo inspirado en la iniciación cristiana que tiene como presupuesto la fe y la conversión inicial.

– Por último, no carece de importancia un fenómeno muy común en nuestra sociedad; nos referimos al *individualismo*. En efecto, es preciso reconocer que estamos asistiendo a una verdadera crisis del asociacionismo y que la mayoría de las instituciones ven erosionado su credibilidad. Este fenómeno afecta a la Iglesia de un modo singular, hasta tal punto que la trama comunitaria, lejos de ser significativa, para muchos constituye un estorbo para algo que consideran tan personal como es su propio sentimiento y vivencia religiosa. Pueden consentir –no les queda más remedio– que la consecución de sus demandas religiosas pasen por la disciplina eclesiástica, pero lo que no están dispuestos a aceptar es que la Iglesia y sus representantes quieran gestionar sus vivencias y les digan cómo deben proceder en su vida, y menos que esto lo hagan en nombre del propio Dios.

Si estos elementos constituyen el punto de partida de muchas acercamientos a las parroquias, resulta fácil comprender el gran desfase que existe entre los demandantes de "servicios religiosos" y lo que la Iglesia quiere ofrecerles. No es fácil superar este desacuerdo, máxime cuando la mayoría de las veces permanece implícito. ¿Cómo iniciar en la nueva vida de Cristo a quien no quiere más que satisfacer unas necesidades particulares? ¿Dónde está escrito que un paño nuevo puede remendar un vestido viejo? En este estado de cosas, para la inmensa mayoría de los que se acercan a la Iglesia pidiendo algún sacramento, comunidad cristiana y proceso de iniciación se revelan problemáticos por igual. Pero ¿cómo afrontan nuestras comunidades eclesiales la tarea de "hacer cristianos"?

❷ Una catequesis iniciática..., de nombre

Es un hecho que la mayoría de nuestras parroquias han asumido, al menos formalmente, la terminología que es común en el magisterio catequético y entre los que reflexionamos sobre la catequesis. Así se habla de "catequesis de iniciación", de "catequesis de inspiración catecumenal", del "carácter procesual de la catequesis", de los "sacramentos de iniciación", etc. Pero siendo sinceros, las catequesis de nuestras comunidades eclesiales —se desarrolle en las parroquias, en los colegios u otras estancias eclesiales— *apenas poseen un verdadero carácter iniciático*. Los materiales van variando con los años, las metodologías también, cambian los acentos y sensibilidades; pero es un hecho que hoy por hoy el catecumenado bautismal y la inspiración catecumenal de la catequesis, tal como lo propone el *Ritual de la Iniciación Cristiana de Adultos* y constantemente promueve el magisterio catequético, no es una realidad entre nosotros. Echando un vistazo a lo que es habitual entre nosotros, observamos:

— La catequesis que dice inspirarse en el catecumenado bautismal —y este mismo cuando se desarrolla— en ningún momento se concibe como ese *proceso catequético-litúrgico-espiritual que reclama el RICA* (*cf. DC* 61.65)[7]. Proceso complejo, por el que la comunidad de discípulos de Jesús, aceptado el primado de la gracia, y por medio del ministerio de la Palabra (catequesis) y el ministerio litúrgico (celebraciones y sacramentos), inicia en la fe a aquellos que quieren reproducir la imagen del Hijo de Dios. Esta concepción integral de la iniciación cristiana y de la catequesis que de ella deriva dista mucho de ser algo adquirido por nuestras comunidades. La dinámica catequística se yuxtapone —cuando no se contraponen— a la litúrgico-sacramental, y ambas permanecen ajenas al proceso espiritual de conversión y de fe que siguen los que se inician en el discipulado de Cristo.

— Prueba de ello es que la iniciación en la fe no termina de ser concebida como *una iniciación en un "modelo-estilo de vida"*, por el que los nuevos cristianos cambian de mentalidad y, en un proceso transformador, van encarnando existencialmente la nueva vida

---

[7] Sobre el proceso de elaboración y fuentes del *RICA*, *cf.* J. Rico Pavés, *Origen y desarrollo del catecumenado en la antigüedad cristiana. Buscando las fuentes patrísticas del RICA*, Madrid 2018. Para un estudio de los dinamismos internos del *RICA*, *cf.* J. C. Carvajal Blanco-R. Delgado Escolar (eds.), *El Ritual de la Iniciación Cristiana de Adultos. Claves de acceso*, Madrid 2024.

del Evangelio (cf. DC 3.65.71c.77.260). Todavía entre nosotros, la catequesis se ve reducida a la transmisión de unos contenidos doctrinales o, como alternativa, a unas metodologías cuya atención se centra en dinámicas con un alto componente emotivo. Es un hecho que los que pasan por nuestros itinerarios catequísticos difícilmente logran esa comunión de vida con Cristo que reclaman los documentos catequéticos (cf. DC 75-78), y apenas ponen las bases para, al menos inicialmente, pensar como Jesús, sentir como Jesús, actuar como Jesús y esperar como Jesús (cf. DC 77; CT 20).

— Así, si la existencia de los que se inician no termina de entrar en las sesiones de catequesis, es lógico que tampoco se contemple que la nueva vida que pretende iniciar la catequesis pasa, necesariamente, por *promover un "baño comunitario"* (cf. DC 88-89.133-134). En efecto, a la vida nueva de Cristo solo se accede través de la relación personal con sus testigos. Estos son los que, en el seno de la comunidad cristiana, manifiestan, a través de su vida trasformada por la escucha de la Palabra y la celebración de los sacramentos, el potencial transformador que tiene el Evangelio. Para quien busca una vida nueva, llena de luz y esperanza, la catequesis debe ayudarlos a entrar en contacto con la Iglesia —concreta, cercana, de talla humana y proyección sacramental—, donde el acontecimiento de Cristo nuevamente toma carne y manifiesta su poder trasformador. Hoy por hoy, nuestras catequesis tienen una gran dificultad para promover esta referencia y vinculación eclesial.

Con este panorama, no es de extrañar que la "autorreferencialidad" de la que habla el papa Francisco sea un mal del que adolecen nuestras catequesis. Los dispositivos catequísticos de nuestras parroquias —y aun de nuestras diócesis— parecen justificarse por ellos mismos y, aunque los frutos son escasos, todo parece abocado a una rutina cansina que se debate entre una reducción moralista-doctrinal de la fe o una deriva pedagógico-metodológica de las sesiones de catequesis. Lo peor de esta situación es que muchos agentes —sacerdotes, catequistas, familias, etc.— han perdido la confianza en que la catequesis pueda cumplir sus objetivos iniciáticos y buscan alternativas al margen de ella, esperando unos frutos que no terminan de llegar o al menos de consolidarse.

❸ Unos catequistas con escasa integración comunitaria y/o eclesial

Si problemática es la concepción –deficiente– de la catequesis que está en la base de la actividad catequística de nuestras comunidades eclesiales, también lo son los criterios que rigen la selección de los catequistas y el perfil que se les requiere. Sin poner en tela de juicio la generosidad que anima a muchos catequistas y el esfuerzo que hacen por ser fieles en una actividad que los sacerdotes –que no la comunidad– cargan sobre sus hombros, es preciso reconocer que la mayoría de ellos no están ni en una disposición vocacional para serlo ni son consciente del alcance que tiene el ministerio que la Iglesia ha puesto en sus manos. Profundicemos un poco más en lo que decimos.

– Los catequistas deberían ser cristianos vocacionados, pero para que esta vocación sea tal es preciso que tengan conciencia de que, sea cual fuere la circunstancia de su llamamiento, este es *expresión de una llamada que viene de Dios* (*cf. DC* 112). Sin embargo, pocos son conscientes de que es Dios quien los has llamado a participar del magisterio de Cristo y a colaborar con el Espíritu en el proceso de alumbramiento de sus nuevos hijos (*cf. DC* 113). El reto al que se enfrentan nuestras comunidades es el de lograr que los catequistas se sientan llamados por Dios y así poder reconocerse instrumentos y servidores de la obra que realizan las propias personas divinas.

– Sin embargo, es difícil que los catequistas puedan desarrollar esta conciencia vocacional si no viven su propio *bautismo como don y tarea* (*cf. DC* 110). ¿Cómo pueden introducir en la fe si ellos apenas están iniciados y su fe se tambalea? ¿Cómo van a formar parte de la vida cristiana si no terminan de reconocer la novedad que implica? ¿Cómo pueden iniciar en el seguimiento de Cristo si ellos mismos no son conscientes de su propio carácter discipular? ¿Cómo pueden vivir todo esto si no acogen la unción bautismal y la viven en comunidad? La experiencia de fe de los catequistas es la condición *sine qua non* para que pueda cumplir la misión que se les encomienda, pero, además, esta experiencia es eclesial o no llega a ser plenamente cristiana. Tristemente, hemos de reconocer que muchos catequistas están abandonados a su generosidad y que carecen de un verdadero acompañamiento por parte de las comunidades –y aun de los sacerdotes– que los ayude a consolidar su fe, a enraizar su vocación y a hallar los modos de testimoniarla ante aquellos que se les ha encomendado.

– En efecto, no cabe duda de que el catequista solo puede desarrollar su vida cristiana y el carácter vocacional de su servicio si está *inserto en la comunidad cristiana y participa de su vida y misión.* ¿Cuántos catequistas viven ajenos al trascurso de la vida comunitaria? ¿Y cuántas comunidades ignoran a los catequistas en cuanto tales? Así, ocupados en su catequesis, preocupados por las dinámicas y tareas que deben implementar, concentrados en su grupo, los catequistas no terminan de ver la conexión que existe entre lo que ellos hacen y la comunidad. Pero las comunidades tampoco son conscientes hasta qué punto su vida es esencial para la catequesis. Lamentablemente, y con demasiada normalidad, existe un extrañamiento mutuo entre los catequistas y las comunidades.

Resulta evidente que difícilmente podrán iniciar en la vida eclesial-comunitaria unas catequesis llevadas a cabo por catequistas con escasa vinculación eclesial y por unas comunidades ajenas a su función iniciática. El papel de mediación que tiene encomendado todo catequista parece troncado desde su raíz. Si él no está vinculado a la comunidad de referencia ni es testigo de una vida cristiana que es esencialmente eclesial, ni podrá despertar el sentido eclesial de los que se inician ni tampoco sabrá introducirlos en el conjunto de las dimensiones eclesiales que expresan la vida cristiana. Pero a su vez, una comunidad que permanezca ajena a la catequesis y la observe como una dinámica extraña a su propia vida tampoco ofrecerá el suelo nutricio que le es necesario a la catequesis y en el que los catequistas deben ayudar a enraizarse a los que se inician.

❹ Unas comunidades con escasa trama comunitaria-eclesial

Pero mirando a las propias comunidades, el panorama no resulta más alentador. Existen comunidades cristianas, no cabe la menor duda. En ellas se anuncia el Evangelio de Jesucristo, se celebran sus Misterios y la caridad que brota de su Pascua se expresa en relaciones y servicios fraternos. No obstante, es preciso reconocer que la calidad de la trama comunitaria no siempre es la que cabría esperar. Nuestras comunidades –cada una según su modo propio– no terminan de tener la vitalidad que deriva de una acogida sincera del Evangelio, ni tampoco manifiestan con claridad la inserción en el tejido eclesial diocesano que necesariamente se les supone.

- Las comunidades inmediatas –parroquias, colegios católicos, asociaciones, etc.– son *el seno materno*, en el que la Iglesia engendra los hijos de Dios (*cf. DC* 283-318). La vida de estas comunidades eclesiales debe ser tal que ponga en contacto a los nuevos cristianos con toda la riqueza del misterio de Cristo que media su trama humana. Desde este punto de vista, nos deberíamos preguntar, con toda sinceridad, si nuestras comunidades son, en primer lugar, verdaderas comunidades, es decir, un grupo humano tejido por relaciones humanas-fraternas; y después si en verdad son cristianas, es decir, si en *esa trama humano-fraterna media "sacramentalmente" la novedad que late en el acontecimiento cristiano.* Lamentándolo mucho, hemos de reconocer que, en demasiadas ocasiones, damos por supuesto esto; y que al observar nuestras realidades eclesiales hemos de confesar que no dan la talla ni en uno ni en otro aspecto.

- En la Iglesia, el acontecimiento de Jesucristo –Profeta, Sacerdote, Rey– está mediado por *el ministerio de la Palabra, el ministerio litúrgico-sacramental y el ministerio de la caridad.* Todos los bautizados –profetas, sacerdotes, reyes– participan de estos ministerios según su estado, funciones y carismas (*cf. LG* 31; *AA* 2), pero es en la integración complementaria de todos ellos en la trama eclesial que el Misterio de Cristo se revela y se convierte en fuente de vida nueva. Lamentablemente, en muchas comunidades eclesiales los desarrollos de estos ministerios van en paralelo, cuando no faltan algunos elementos que les son esenciales. ¿Cómo mediar el misterio cristiano si de entrada aparece amputado? ¿De verdad creemos que el dispositivo catequístico puede iniciar en la vida cristiana-eclesial sin referencia y contacto con otras funciones eclesiales?

- Es evidente que ninguna comunidad cristiana, ni tan siguiera las parroquias, puede completar por ella misma la trama eclesial que es necesaria para alumbrar en la vida nueva de la fe a los nuevos cristianos. Por esta razón, los documentos catequéticos ponen a *las*

Iglesias particulares como referentes últimos de todo proceso iniciático (*cf. DC* 293-297)[8]. Esto exige la colaboración y complementariedad entre las diversas instancias eclesiales. ¡Qué lejos estamos de que esto sea una realidad! Más bien, todo lo contrario. Cada comunidad eclesial, lejos de buscar el complemento con las otras, la mayoría de las veces se consideran autosuficientes y, de este modo, no terminan ni de revelar el Misterio al que sirven ni de introducir en él. No hace falta decir más, basta con observar cómo muchas comunidades eclesiales inmediatas permanecen ajenas a la marcha de la diócesis e indiferentes cuando no enfrentadas con otras que les están próximas. La comunión se realiza a través de la vinculación con la Iglesia particular; pero se expresa, de un modo concreto, en las relaciones de cercanía y colaboración que los diferente ámbitos eclesiales realizan en aras de la única misión.

Observando estas deficiencias en la vida de nuestras comunidades y su extrañamiento de los procesos catequísticos que le son propios, ¿a quién le sorprende que, años tras año, la mayoría de los niños, adolescentes, jóvenes y adultos que han seguido los procesos de iniciación, lejos de incorporarse a la Iglesia, abandonen todo contacto con ella? Es una situación dramática que nos debería doler si no fuera porque la reiteración del fenómeno nos ha llevado a habituarnos y a vivirlo con una pavorosa indiferencia. Necesitamos comunidades cristianas que se regeneren y enriquezcan con nuevos cristianos. Es preciso cambiar las inercias catequísticas y considerar cómo la realización de unos verdaderos procesos iniciáticos, en los que las comunidades estén implicadas, son la fuente de la renovación de estas.

❺ Unas comunidades con una pobre experiencia mistagógica

La Iglesia no es una ONG, repite a menudo el papa Francisco y, en verdad, no lo es. Las comunidades cristianas no pueden ser reducidas a una realidad meramente sociológica que se justifica por su interés propio o por las funciones que puedan prestar al conjunto de la sociedad. Tal

---

[8] C. AGUILAR GRANDE, "La catequesis en la Iglesia particular": *Teología y Catequesis* 104 (2007) 113-135; *ID.*, "La Iglesia particular, responsable de la transmisión de la fe", *Teología y Catequesis* 131 (2015) 57-78.

como el Concilio puso de manifiesto, lo propio de cualquier ámbito eclesial es su *carácter sacramental* (*cf. LG* 1.9.48; *SC* 5; *GS* 42.45; *AG* 1.5). Su realidad humano-visible es mediación de una realidad divino-invisible que la sostiene y la identifica (*cf. LG* 8). El misterio de comunión y misión que constituye la Iglesia es expresión y medición del Misterio de comunión y misión que es la Santa Trinidad. Si no se penetra en este carácter sacramental que funda la Iglesia —y de un modo particular, en cada uno de sus niveles—, entonces ni se conoce lo que en verdad son las comunidades eclesiales ni el verdadero alcance de su actividad catequístico-iniciática. Pues bien, si observamos nuestras comunidades, es fácil darse cuenta de que la mirada de la mayoría de sus miembros no termina de penetrar en esta dimensión sacramental.

— En la actualidad, nuestras comunidades —y en ellas sus miembros— están entregadas a *un activismo desmedido, sin apenas espiritualidad* (*cf. EG* 82). No es el momento de analizar este hecho y las consecuencias que tiene en la vida de los cristianos; pero sí de manifestar el desfondamiento que supone para el ejercicio de la misión eclesial, y aun para su propia vida. Entregada a la pura actividad, la comunidad corre el peligro de que su conciencia olvide el nombre de aquel por quién lo hace y no esté atenta al cumplimiento de su finalidad evangelizadora (*cf. EN* 14). La actividad por la actividad, el método por el método, no transmite el Evangelio. El anuncio de Jesucristo se cifra en que él es la Palabra de Dios hecha carne (*cf.* Jn 1,14); este principio de la encarnación marca que el Misterio de Cristo —y, por él, el de la Santa Trinidad— es mediado por la carne eclesial. La misión de la Iglesia se realiza más por lo que es que por lo que hace, ya que todo lo que hace adquiere valor y eficacia por lo que la Iglesia es.

— Por otro lado, la mayoría de los bautizados —y aquí incluimos a los ministros ordenados y consagrados religiosos— apenas cultivan *el sentido mistagógico que otorga la fe* (*sensus fidei*), el cual no solo da sentido a la propia vida y actividad, sino que es capaz de abrir a otros el camino que conduce al Misterio de Cristo[9]. En realidad,

---

[9] Para profundizar en este aspecto, remitimos a nuestro estudio: "El catequista mistagogo, en el seno de una comunidad mistagógica": *Actualidad Catequética* 261-262-263 (2019) 185-218.

solo desde este sentido mistagógico las comunidades podrán superar la permanente tentación de la "autorreferencialidad", tal como el papa Francisco la caracteriza (cf. *EG* 8.94-95). En efecto, la falta de sentido del Misterio cristiano y la ignorancia del carácter sacramental de la Iglesia lleva a muchas comunidades a cerrarse sobre sí mismas. Este "eclesiocentrismo", que se proyecta imperceptiblemente en la vida y actividad de las comunidades y de sus miembros, es el que, en vez de cumplir con su función mediadora, hace que se conviertan en verdaderas pantallas que ocultan el Misterio que les embarga. La adhesión al Misterio de Cristo pasa por la adhesión a la Iglesia; sin embargo, y lamentablemente, la adhesión a un ámbito eclesial particular no siempre conlleva el acceso y vinculación al Misterio que salva.

— Ya hemos dicho que la tarea de la catequesis de iniciación es la de *sumergir en el "baño eclesial"*, es decir, la de poner en contacto y relación con la fraternidad de los cristianos, ayudar a participar de las diversas funciones-ministerios que median el Misterio de Cristo —Profeta, Sacerdote y Rey—, y a aprender a responsabilizarse de la vida y misión de la comunidad de referencia. Pues bien, este baño eclesial es tal cuando, en virtud de la Palabra y el Espíritu que late en toda la vida de la comunidad eclesial, los nuevos cristianos, partícipes del misterio pascual, llegan a reconocerse hijos de Dios, miembros de Cristo y templos del Espíritu (cf. *CCE* 1213.1265). Sin la toma de conciencia de haber sido *inmersos en el misterio del Dios Trinidad*, la iniciación cristiana no puede decirse que ha concluido satisfactoriamente (cf. *RICA*, "Observaciones generales" 1-2)[10].

Sinceramente, qué lejos están nuestras comunidades de tener una experiencia mistagógica de la fe. Y, sin embargo, sin esta experiencia, la calidad de la vida cristiana de las propias comunidades y de los procesos

---

[10] A este respecto, son especialmente significativas la palabras del *RICA* que se refieren al momento del baño bautismal: "Después de confesar con viva fe el misterio pascual de Cristo, se acercan y reciben aquel misterio, significado por la ablución del agua, y después de confesar a la Santísima Trinidad, la misma Trinidad, invocada por el celebrante, actúa admitiendo entre los hijos de adopción a sus elegidos y agregándolos a su pueblo" (cf. *RICA*, "Observaciones previas" 31). También número 34.

de iniciación que promueven resultan extremadamente limitados. Quizá para solventar esta deficiencia capital, el *Ritual de la Iniciación Cristiana de Adultos* promueve que, en *el tiempo de la "mystagogia"*, la comunidad cristiana se implique de un modo especial en el acompañamiento de los neófitos, para que ella misma tome conciencia del "baño sacramental" del que ha nacido y le ha constituido mediadora del Misterio de la salvación. Citamos sus palabras:

> Concluida la etapa precedente, *la comunidad juntamente con los neófitos progresa*, ya con la meditación del Evangelio, ya con la participación de la eucaristía, ya con el ejercicio de la caridad, en la percepción más profunda del misterio pascual y en la manifestación cada vez más perfecta del mismo en su vida. Esta es la última etapa de la iniciación, a saber, el tiempo de la "*mystagogia*" de los neófitos (*cf. RICA*, "Observaciones previas" 37).

3 UN ESTÍMULO PARA LA REFLEXIÓN

❶ Comunidad cristiana-comunidad iniciática: una relación bidireccional

Llegado a este punto, ¿qué es antes, el huevo o la gallina; la comunidad cristiana o la comunidad que inicia? En realidad, aquí no cabe disyuntiva, pues es imposible considerar una sin la otra. La comunidad eclesial es la misma y la relación entre su identidad cristiana y su capacidad iniciática debe considerarse *bidireccional*. Nuevamente, el guion viene a nuestro auxilio. La comunidad cristiana se constituye como tal en el proceso de iniciación de sus nuevos miembros, y la iniciación de estos se realiza en la medida en que participan de una comunidad eclesial que, por definición, siempre es *"el origen, lugar y meta de la catequesis"* (*DC* 133, con cita de *DGC* 254). No puede ser de otro modo, ya que, en palabras del *Directorio* de 1997, que hace suyas el actual *Directorio para la catequesis*:

> *La comunidad cristiana es en sí misma catequesis viviente.* Siendo lo que es, anuncia, celebra, vive y permanece siempre como el espacio vital indispensable y primero de la catequesis (*DGC* 141, citado en *DC* 164).

Esta perspectiva bidireccional es la que nos ha llevado a pensar el subtítulo de nuestra reflexión: "Comunidad cristiana-comunidad iniciática:

una relación por rehacer". En efecto, el termino "rehacer"[11] nos lleva a pensar que *en el principio no fue así*. Si miramos la experiencia de las primeras comunidades, tal como lo testimonia el libro de los Hechos de los Apóstoles, observamos que la pedagogía que Jesús siguió con sus discípulos se trasformó en el *ethos* (carácter propio de la comunidad, en aquello que le confería su identidad) *y en el principio vital en el que sus miembros nacían a la nueva vida de Jesucristo* y se introducían en el misterio de comunión y misión del Dios Trinidad. Para explicitar esta lógica, traemos aquí el texto del *Directorio para la catequesis* que introduce la temática de las tareas de la catequesis.

Para lograr su finalidad, la catequesis desarrolla diversas tareas, interconectadas entre sí, que se inspiran en el modo en el que Jesús formó a sus discípulos: les daba a *conocer* los misterios del reino, les enseñaba a *orar*, les proponía las *actitudes evangélicas,* los iniciaba en la vida de *comunión* con él y entre ellos y en la misión. Esta pedagogía de Jesús modeló después la vida de la comunidad cristiana: "Perseveraban en la *enseñanza* de los apóstoles, en la *comunión*, en la *fracción del pan* y en las *oraciones*" (Hch 2,42). La fe, de hecho, exige ser conocida, celebrada, vivida y rezada. Así pues, para formar en una vida cristiana integral, la catequesis desarrolla las siguientes tareas: conduce al conocimiento de la fe, inicia en la celebración del Misterio, forma para la vida en Cristo, enseña a orar e introduce en la vida comunitaria" (*DC* 74)[12].

---

[11] Primera acepción del *Diccionario* de la Real Academia Española: "Volver a hacer lo que se había deshecho, o hecho mal". Segunda acepción: *"Reformar* [tercera acepción de «reformar»: «Reducir o restituir una orden religiosa u otro instituto *a su primitiva observancia* o disciplina»], refundir". Tercera acepción: "Reponer, reparar, restablecer [primera acepción de «restablecer»: «Volver a establecer algo o ponerlo *en el estado que antes tenía*»] lo disminuido o deteriorado".

[12] Este número halla su concreción en *DC* 189. Aquí el *Directorio* apunta a *"la experiencia catecumenal"* de la Iglesia primitiva como el espacio en donde se inicia en las diferentes dimensiones de la vida cristiana y "los diversos catecismos" como la presentación y estructuración de *"los pilares de la catequesis"* (la *profesión de la fe* [el Símbolo], la *liturgia* [los sacramentos de la fe]*, la vida del discípulo* [los mandamientos], *la oración cristiana* [el padrenuestro]). Todo esto con la finalidad eminentemente teologal: "La catequesis abre a la fe en el Dios uno y trino y a su plan de salvación; educa para la acción litúrgica e inicia a la vida sacramental de la Iglesia; respalda la respuesta de los creyentes a la gracia de Dios; e introduce en la práctica de la oración cristiana".

Este texto manifiesta que, en la época apostólica, la misma participación en la vida de la comunidad se consideraba que introducía en la vida de fe, pues la acción pedagógica de Cristo –por la que formó a sus primeros discípulos–, a partir de su acontecimiento pascual, se había trasladado a dicha comunidad; lo cual supone que esta no inicia tanto por su actividad cuanto *por la mediación* que ella misma ofrece de la vida divina que ha recibido de la Pascua de Cristo. Ciertamente, los nuevos cristianos deben ser iniciados en las diferentes dimensiones de la vida cristiana, pero no tanto como vías pedagógicas paralelas a la propia vida comunitaria, sino en cuanto mediaciones –cada una a su modo– de esa nueva vida de Cristo, la cual halla su mejor expresión y acceso en la fraternidad de los cristianos.

Por su parte, esta implicación comunitaria en los procesos iniciáticos es, justamente, la que *servirá de estímulo* para que los miembros de la comunidad se reconozcan impulsados a renovar la acogida del don pascual que han recibido en sus propios procesos iniciáticos, al tiempo que se sientan llamados a revitalizar todas las mediaciones de la vida eclesial en la que participan.

¡Ojo! Una advertencia capital: aquí no estamos pensando en comunidades ideales. Tampoco las piensa el *Directorio*. De hecho, cuando se refiere a ellas, advierte con gran sensatez que, si bien las comunidades deben ser reales, ricas en dones y oportunidades, no por ello estarán exenta de límites y debilidades (*cf. DC* 133). Precisamente, la conciencia de estos *límites*, lejos de encerrar a las comunidades eclesiales inmediatas en dinamismos de autorreferencialidad, es lo que las llevará a insertarse con mayor vigor en la comunión de la Iglesia diocesana. Por su parte, la toma de conciencia de su propia *debilidad* es la que las llevará a promover entre sus miembros una sensibilidad mistagógica que los lleve a reconocer la presencia del Misterio cristiano en los pequeños signos que tejen la vida comunitaria.

❷ Avanzar en la reflexión

Esta primera reflexión concluye aquí. Su intención ha sido doble: por un lado, subrayar la relación innata y estructural que existe en la comunidad entre su identidad cristiana y su carácter iniciático; y, por otro, manifestar los problemas con los que hoy día se enfrenta una catequesis que quiera contar con la comunidad cristiana como su suelo nutricio y el seno maternal en el que alumbrar a los nuevos discípulos de Cristo.

A continuación, vendrán otros trabajos que darán luz a las cuestiones planteadas. En cualquier caso, hemos observado que el tema tiene una importancia indudable. Su problemática también. Mi intención ha sido la de abrir una reflexión que manifiesten todas las aristas que convergen en él. Mi deseo es que, al hilo de los siguientes trabajos, se encuentren nuevas luces que ayuden a rehacer una relación que es fundamental para que la Iglesia pueda cumplir la misión de engendrar en la fe a los futuros hijos de Dios.

Concluyo con la cita del prólogo de la primera carta de san Juan. Este texto, sin duda, es referencia obligada para que la relación comunidad cristiana-comunidad iniciática pueda rehacerse a partir del calado mistagógico que tiene:

> Lo que existía desde el principio, lo que hemos oído, lo que hemos visto con nuestros propios ojos, lo que contemplamos y palparon nuestras manos acerca del Verbo de la vida; pues la Vida se hizo visible, y nosotros hemos visto, damos testimonio y os anunciamos la vida eterna que estaba junto al Padre y se nos manifestó. Eso que hemos visto y oído os lo anunciamos, para que estéis en comunión con nosotros, y nuestra comunión es con el Padre y con su Hijo Jesucristo. Os escribimos esto, para que nuestro gozo sea completo (1 Jn 1,1-3).

2
LA COMUNIDAD CRISTIANA EN LA CATEQUESIS

Eduardo Lorenzo García
Delegado de catequesis de la
diócesis de Orihuela-Alicante

En la actualidad, la Iglesia está bajo el impulso de una conversión pastoral con el objetivo de activar, en el contexto histórico y cultural que nos toca vivir, el gran mandato misionero que Jesús dio a sus discípulos[1]. El papa Francisco, en su sueño evangelizador[2], nos invita a que todas las estructuras eclesiales se vuelvan más misioneras para que sean cauce adecuado para la evangelización. En esta etapa eclesial, en la que estamos viviendo el auge de "las metodologías", se vislumbra en el horizonte el inicio de una nueva etapa marcada por el nacimiento de pequeñas comunidades cuya seña de identidad es el "discipulado" y cuya pretensión es suscitar verdaderos discípulos misioneros de Jesucristo en el seno de la comunidad. Estas páginas quieren profundizar sobre esta intuición.

En estas circunstancias, especialmente en una sociedad marcada por la egolatría y el individualismo, el papel de la comunidad cristiana cobra una relevancia enorme, más aún si lo analizamos desde una perspectiva

---

[1] "Se me ha dado todo poder en el cielo y en la tierra. Id, pues, y haced discípulos a todos los pueblos, bautizándolos en el nombre del Padre y del Hijo y del Espíritu Santo; enseñándoles a guardar todo lo que os he mandado" (Mt 28,18-20).

[2] "Sueño con una opción misionera capaz de transformarlo todo, para que las costumbres, los estilos, los horarios, el lenguaje y toda estructura eclesial se convierta en un cauce adecuado para la evangelización del mundo actual más que para la autopreservación. La reforma de estructuras que exige la conversión pastoral solo puede entenderse en este sentido: procurar que todas ellas se vuelvan más misioneras, que la pastoral ordinaria en todas sus instancias sea más expansiva y abierta, que coloque a los agentes pastorales en constante actitud de salida y favorezca así la respuesta positiva de todos aquellos a quienes Jesús convoca a su amistad" (*EG* 27).

catequética. Por este motivo, el siguiente trabajo tiene como objetivo profundizar en los aspectos fundamentales de la relación entre la comunidad cristiana y la catequesis. En primer lugar, recordaremos a qué nos referimos cuándo hablamos de la comunidad cristiana; después, haremos una breve alusión a la situación de la comunidad en el contexto cultural actual y a la propia comunidad como contexto de la catequesis; en tercer lugar, profundizaremos sobre la relación de la comunidad cristiana y la catequesis, recordando que no solo es el sujeto, sino también su origen, lugar y meta; y finalizaremos recordando una tarea de la catequesis, que es estratégica en nuestra reflexión. Para desarrollar estos puntos, tendremos en cuenta especialmente las indicaciones del *Directorio para la catequesis*.

1 LA COMUNIDAD CRISTIANA

❶ A qué llamamos comunidad cristiana

"El Señor Jesús comenzó su Iglesia con el anuncio de la Buena Noticia, es decir, de la llegada del reino de Dios prometido desde hacía siglos en las Escrituras" (*LG* 5). Y, en cumplimiento de la voluntad del Padre, esto lo hizo eligiendo a los doce, con Pedro como su cabeza, y a los otros discípulos, los cuales participaban de su misión (*cf. CCE* 765). De este modo, en torno a su persona, constituyó una primera comunidad que iba creciendo conforme se iban agregando a su seguimiento. Él era el maestro y el pedagogo que iba educando a sus seguidores en un auténtico discipulado. No obstante, el último origen y partida de esta comunidad fue la resurrección y el envío que el Resucitado hizo a sus discípulos. En palabras del *Catecismo de la Iglesia católica*:

> La Resurrección de Jesús es la verdad culminante de nuestra fe en Cristo, creída y vivida por la primera comunidad cristiana como verdad central, transmitida como fundamental por la tradición, establecida en los documentos del Nuevo Testamento, predicada como parte esencial del Misterio pascual al mismo tiempo que de la cruz (*CCE* 638).

Tras indicar el origen y fundamento de la Iglesia, para su mejor comprensión y posterior concreción en la comunidad cristiana, es preciso acudir a dos términos bíblicos:

– En primer lugar, la palabra "Iglesia" procede del término griego "*ekklesia*", que significa 'convocación'. Así, la Iglesia ha de ser considerada como la reunión de *todos los que son convocados por el Señor*, por esto, todos juntos somos Iglesia. Esta convocación es universal, puesto que "Dios, nuestro Salvador, quiere que todos los seres humanos se salven y lleguen al conocimiento de la verdad" (1 Tim 2,3-4), y concibe su Iglesia como "sacramento universal de salvación" (*LG* 48). La Iglesia, así comprendida, es el cuerpo de Cristo (*cf.* 1 Cor 12,12-27), siendo el propio Cristo su cabeza (*cf.* Col 1,18). Desde el inicio, todos los que se agregaban a la Iglesia formaban una sola comunidad.

– En segundo lugar, entendemos la comunidad cristiana desde la *koinonía* ('comunión'), ya que todos los convocados permanecen unidos en comunión. Así se observa en los Hechos de los Apóstoles: "Y perseveraban en la enseñanza de los apóstoles, en la comunión, en la fracción del pan y en las oraciones" (Hch 2,42). Este testimonio de comunión hizo que, en los primeros siglos, la Iglesia creciera rápidamente, ya que en él se vislumbrar la novedad de la fe.

Llegados a este punto y de la mano del documento de los obispos españoles, *La catequesis de la comunidad*, podemos afirmar que "la vida de la Iglesia se apoya en dos realidades íntimamente vinculadas entre sí: el plano de la gracia, la «comunión», y el plano de la realidad sensible e histórica, la «comunidad»"; por tanto, *la comunidad* sería "*la realidad histórica y visible de la Iglesia*, hecha de palabras, de signos, de estructuras, de iniciativas prácticas, de relaciones personales *que brotan de la comunión*, manifiestan sus riquezas y revelan su vitalidad en todos los sectores de la existencia humana"[3]. Por tanto, podemos confirmar que la Iglesia acontece esencialmente en la comunidad y como comunidad.

❷ Los dos niveles de la comunidad cristiana

Para avanzar en nuestra reflexión, hemos de realizar una aclaración sobre el concepto "comunidad cristiana", ya que este puede llevar a con-

---

[3] CONFERENCIA EPISCOPAL ESPAÑOLA, *La catequesis de la comunidad* (22-II-1883) 254; la cursiva es nuestra.

fusión. En los documentos, respecto a la comunidad, se pueden observar dos niveles:

- El primero se refiere a la *comunidad cristiana inmediata*, es decir, la comunidad cristiana *concreta* –de la que forman parte la parroquia, la familia, la escuela católica, las asociaciones o movimientos cristianos, las comunidades eclesiales de base, etc.–, que es la que educa, acompaña, forma y acoge a sus miembros (*CT* 24).

- Pero, en un segundo nivel, aparece la *comunidad cristiana "en cuanto tal"* (*DGC* 168), es decir, la comunidad cristiana *de referencia*, como una sola, que "ni el espacio ni el tiempo pueden limitar" (*DGC* 106). Esta segunda concepción es más amplia, pues hace referencia a toda la Iglesia, a la comunidad eclesial –tanto la Iglesia particular/diócesis como la Iglesia universal– que, desde una perspectiva holística, es más que la suma de todas las comunidades inmediatas que la componen.

Estos dos niveles o grados comunitarios quedan bien delimitados en la siguiente cita del documento *La catequesis de la comunidad*:

> Al hablar aquí de comunidad entendemos, por lo pronto, *la comunidad eclesial inmediata*, donde el creyente concreto nace y se educa en la fe. No la podemos considerar aislada ni de la Iglesia universal ni de la iglesia local diocesana que constituyen las *auténticas comunidades de referencia*. La comunidad eclesial inmediata catequiza en cuanto está integrada y en comunión con dichas comunidades (*CC* 255).

Así pues, una vez señalados los dos niveles de la comunidad cristiana, ahora hemos de acotar nuestra reflexión. Consideramos –y desarrollaremos en las páginas siguientes– que en la actualidad es necesario que la relación entre la catequesis y la comunidad cristiana se realice en referencia a las comunidades concretas e inmediatas. Es evidente que aquí nuestra reflexión se circunscribe al ámbito pastoral, ya que la reflexión teológica demanda otro espacio.

❸ La parroquia, "comunidad de comunidades"

Antes de avanzar, debemos establecer la relación –en la distinción– que existe entre la parroquia y la comunidad cristiana, ya que a muchos les genera confusión. Como hemos expuesto, aunque la parroquia no se identifica totalmente con la comunidad cristiana inmediata, es preciso reconocer que ella es "el lugar más significativo en el que se forma y manifiesta la comunidad cristiana" (*DGC* 257). La Asociación Española de Catequetas ahonda en argumento del siguiente modo: "Aunque creemos que la «comunidad» es más que la parroquia, podríamos hablar de diferentes «grados» de comunidad que, sin embargo, encuentran su realización definitiva y completa como tales comunidades inmediatas en la parroquia"[4].

El mismo *Directorio para la catequesis* (*cf. DC* 298-303) profundiza en esta dirección al indicar que las parroquias han surgido por el cumplimiento del mandato misionero del Señor, y que ellas constituyen las células de la Iglesia particular que necesitan renovarse constantemente, ya que "es la misma Iglesia que vive entre las casas de sus hijos y de sus hijas" (*ChL* 26). Así, están marcadas por un claro carácter de proximidad de todos los fieles cristianos a las realidades del mundo, y "muestran el rostro del pueblo de Dios que está abierto a todos, sin acepción de personas" (*DC* 299).

Es preciso, pues, reconocer la importancia que tiene la parroquia en cuanto que está "fundada sobre los pilares de la Palabra de Dios, los sacramentos y la caridad" (*DC* 299); más aún, "está fundada sobre una realidad teológica, porque ella es una *comunidad eucarística*" (*ChL* 26). En efecto, es entorno a la eucaristía donde mejor se visibiliza esta concepción teológica, ya que todas las comunidades cristianas inmediatas celebran la eucaristía reuniéndose en torno al altar como un solo cuerpo.

En el contexto actual, aunque está sufriendo las consecuencias de la secularización, la parroquia cobra una gran relevancia. El papa Francisco recuerda que no es una estructura caduca si es capaz de realizar una conversión misionera para adaptarse con plasticidad y creatividad a los tiempos que nos tocan vivir (*cf. EG* 28). Una parroquia a la altura de los tiempos debe ser una comunidad de discípulos misioneros, con una mentalidad de salida y capaz de llevar adelante propuestas formativas de inspiración catecumenal. En definitiva, la parroquia debe ser una au-

---

[4] AECA, *La catequesis que soñamos*, Madrid 2015, 55.

téntica *"comunidad de comunidades"*[5], comprendido esto en el sentido amplio de la expresión:

> Hoy las parroquias están comprometidas a renovar sus dinámicas de relaciones y hacer que sus estructuras sean más abiertas y menos burocráticas. Proponiéndose como comunidad de comunidades, serán un apoyo y un punto de referencia para que los movimientos y los pequeños grupos vivan su actividad evangelizadora en comunión (*DC* 301).

Además, las parroquias deben avanzar en ser:

> Una comunidad de discípulos misioneros, personas que hacen una experiencia viva de Cristo resucitado y viven nuevas relaciones generadas por él. Una comunidad cristiana que, incluso en la debilidad de sus miembros y la escasez de sus recursos, vive esta *fraternidad mística*, y se convierte en el primer y natural anuncio de la fe (*DC* 303).

2 LA COMUNIDAD CRISTIANA Y EL CONTEXTO CULTURAL

❶ La comunidad cristiana, contexto de la catequesis

Después de haber recordado qué es la comunidad cristiana, y antes de adentrarnos en el tema central de este artículo, debemos recordar que *la comunidad cristiana es el contexto de la catequesis*. Así, la comunidad cristiana ha de ser considerada el entorno físico, el ambiente nutricio donde se realiza la catequesis. De ella nace siempre el anuncio de la Buena Noticia del reino y es ella misma la que acoge continuamente a los que quieren conocer al Señor, acompañándolos en su proceso de iniciación y maduración cristiana. Por consiguiente, de ella brotan y en ella se realizan todos los elementos que conlleva la realidad catequística: es el ámbito privilegiado de la formación de catequistas, también donde los catequizandos se inician en la vida de fe, donde se reúnen los grupos de catequesis, etc. En pocas palabras, "es el punto de partida ordinario y el *clima* nutricio en el que el creyente se inicia y madura en la fe" (*CC* 266).

---

[5] JUAN PABLO II, *Ecclesia in America* 41.

❷ Dos metáforas para comprender el actual contexto cultural

La comunidad cristiana no vive ajena a este mundo, sino que está inserta en un contexto sociocultural muy concreto. Dos metáforas nos ayudan a comprender este contexto que vivimos en Occidente. Su comprensión nos ayudará a descubrir algunos desafíos que retan a la pastoral de la Iglesia.

a. *"Los no lugares"*

Es evidente que los seres humanos necesitamos para nuestro desarrollo "lugares antropológicos", espacios donde las personas podamos construir nuestra identidad y donde exista un tejido relacional que una a las personas a partir de una memoria común que reúna la historia pasada con lo que se vive en el presente y, ambas abiertas, a un futuro colectivo. Según Marc Augé, el problema es que en la sociedad actual se van extendiendo *"los no lugares"* [6], espacios que no propician el encuentro personal ni construyen referencias comunes al grupo; en los que los individuos permanecen anónimos y viven de manera solitaria. Ejemplos de "no lugares" son las estaciones de servicio, los medios de transporte, centros comerciales, cadenas hoteleras, supermercados, etc. Estos lugares no generan ni identidad individual ni relación, sino soledad y similitud.

El problema que puede darse es que *las propias comunidades cristianas,* miméticamente, *se pueden convertir en "no lugares".* Por ejemplo, esto ocurre cuando una parroquia no es capaz de crear un contexto comunitario donde se viva la fe en comunidad; o cuando muchos cristianos se limitan a cumplir con el precepto dominical, acudiendo allí donde mejor les conviene sin establecer vínculos fraternos con ninguna comunidad.

Es preciso, pues, que nuestras comunidades no sucumban a esta corriente. Más aún, con la gracia de Dios, es preciso esforzarse para revertir la situación que están viviendo muchas de nuestras comunidades. Como nos indica el *Directorio,* hemos de ser capaces "de ofrecer contextos co-

---

[6] *Cf.* M. Augé, *Los no lugares*, Barcelona 2017.

munitarios de fe en los que, superando el anonimato, se reconozca el valor de cada persona y se ofrezca a todos el bálsamo de la fe pascual para aliviar sus heridas" (*DC* 328). El papa Francisco también nos recuerda que:

> Precisamente en esta época, y también allí donde son un "pequeño rebaño" (Lc 12,32), los discípulos del Señor son llamados a vivir como comunidad que sea sal de la tierra y luz del mundo (*cf.* Mt 5,13-16). Son llamados a dar testimonio de una pertenencia evangelizadora de manera siempre nueva. ¡No nos dejemos robar la comunidad! (*EG* 92).

b. *"Una sociedad líquida"*

En segundo lugar, y siguiendo a Zygmunt Bauman, es preciso reconocer que vivimos en un mundo líquido. Caídas las certezas que sostenían las ideologías, nos encontramos viviendo en una sociedad *"líquida"*[7], privada de cualquier fundamento de valores "sólido" compartido por todos. El origen de esta aceleración de la "licuefacción" está en el rol hegemónico que la economía de matriz neoliberalista tiene en nuestra sociedad, cuyo desarrollo exige la eliminación de cualquier realidad que pueda remitir a algo "estable", "eterno"; es decir, algo que pueda impedir la expansión de su poder.

El problema es que también la comunidad cristiana se puede convertir en *una comunidad líquida* que no ofrece una solidez para que los creyentes puedan iniciarse y vivir la fe. Caer en esta tentación supone quedar privada

---

[7] "La «fluidez» o la «liquidez» son metáforas adecuadas para aprehender la naturaleza de la fase actual —en muchos sentidos nueva— de la historia de la modernidad" (Z. BAUMAN, *Modernidad líquida*, Buenos Aires 2003, 8). Nos sigue explicando el autor: "Al mundo lo denomino «líquido» porque, como todos los líquidos, no se mantiene inmóvil ni conserva mucho tiempo su forma. En este mundo nuestro, todo o casi todo cambia constantemente: las modas que seguimos y los objetos de nuestra atención [...], lo que soñamos y lo que tememos, lo que deseamos y lo que aborrecemos, los motivos que infunden esperanzas o los que suscitan preocupación. Y las condiciones que nos rodean, las condiciones en que nos ganamos la vida e intentamos planificar el futuro, en las que nos conectamos con algunas personas y nos desconectamos (o nos desconectan) de otras, son también cambiantes. Las oportunidades de alcanzar una mayor felicidad y las amenazas de sufrimiento fluyen o flotan a la deriva, van y vienen, cambian de lugar, generalmente de forma tan ágil y veloz que nos impide hacer algo sensato y eficaz para dirigirlas o redirigirlas, mantenerlas en el mismo rumbo o evitarlas" (Z. BAUMAN, *44 cartas desde el mundo líquido*, Barcelona 2011, 9).

de su fundamento en el Evangelio, convirtiendo a sus miembros en turistas religiosos más que en creyentes que viven la Buena Noticia de Jesucristo en comunidad y que, además, no se sienten implicados en la misión de convocar a los hermanos dispersos. Este modo de vivir la fe, lejos de ser motivo de felicidad, provoca pereza y tristeza en el corazón del creyente. A esto se refiere al papa Francisco cuando habla de la acedia que cierra a muchos cristianos sobre sí y paraliza su impulso misionero; sin duda esto mismo está en la base de la pérdida del ardor misionero de muchas comunidades:

> Cuando más necesitamos un dinamismo misionero que lleve sal y luz al mundo, muchos laicos sienten el temor de que alguien les invite a realizar alguna tarea apostólica, y tratan de escapar de cualquier compromiso que les pueda quitar su tiempo libre. Hoy se ha vuelto muy difícil, por ejemplo, conseguir catequistas capacitados para las parroquias y que perseveren en la tarea durante varios años. Pero algo semejante sucede con los sacerdotes, que cuidan con obsesión su tiempo personal. Esto frecuentemente se debe a que las personas necesitan imperiosamente preservar sus espacios de autonomía, como si una tarea evangelizadora fuera un veneno peligroso y no una alegre respuesta al amor de Dios que nos convoca a la misión y nos vuelve plenos y fecundos. Algunos se resisten a probar hasta el fondo el gusto de la misión y quedan sumidos en una acedia paralizante (*EG* 81).

❸ Desafíos que nos genera el contexto cultural actual

A la luz de estas dos metáforas, nos hacemos conscientes de los desafíos que hoy lanza el contexto cultural a la catequesis. La presentación del *Directorio para la catequesis* expone los motivos de su redacción, estos motivos son una buena pista para nuestra reflexión. El primero de los motivos apunta a la cultura digital, y la globalización la consecuencia que está ocasionando. Esta cultura, afirma, está "produciendo una verdadera *revolución antropológica*, que tiene también consecuencias en la experiencia religiosa y que desafía fuertemente a la comunidad eclesial" (*DC* 46). Por su parte, el segundo apunta al proceso secularista de la sociedad, esto lleva a que bajo la pérdida del sentido de lo sagrado, se estén perdiendo la base de la experiencia cristiana y se pongan en tela de juicio los valores que de ella emanan.

Ante esta situación, "cada comunidad cristiana está invitada a confrontarse con la complejidad del mundo contemporáneo, en el que se mezclan elementos muy diversos" (*DC* 9); lo cual el propio *Directorio* lo explica de la siguiente manera:

> Esta realidad, tan heterogénea y cambiante desde el punto de vista socio-cultural y religioso, debe leerse de manera que se pueda comprender su naturaleza poliédrica y que cada aspecto mantenga su validez y peculiaridad incluso en su variopinta relación con la totalidad. Esta interpretación permite comprender los fenómenos desde diferentes puntos de vista, pero relacionándolos entre sí. *Es importante que la Iglesia*, que quiere ofrecer la belleza de la fe a todos y cada uno, *sea consciente de esta complejidad y madure en su visión de la realidad de una manera más profunda y sabia.* Tal situación nos obliga aún más a asumir *la perspectiva sinodal* como una metodología coherente con el camino que la comunidad está llamada a seguir. Se trata de un camino común en el que convergen diferentes presencias y funciones para que la evangelización se realice de forma más participativa (*DC* 321).

❹ Oportunidades de la comunidad cristiana en el contexto cultural

No podemos olvidar que tras los desafíos también se encuentran las oportunidades. El *Directorio,* refiriéndose a la comunidad cristiana, indica que, "ante los retos que plantea una determinada cultura, la primera reacción podría ser sentirse confusos y perdidos, incapaces de afrontar y evaluar los fenómenos subyacentes. Esto no puede dejar indiferente a la comunidad cristiana, llamada no solo a proclamar el Evangelio a los que no lo conocen, sino también a apoyar a sus hijos en la conciencia de su fe" (*DC* 322). Así pues, los desafíos no pueden paralizar a las comunidades, antes bien es preciso que estas los afronten para dar una respuesta.

Así, ante todo, es preciso conocer muy bien las circunstancias concretas de la comunidad eclesial y de cada uno de los bautizados (*cf. DC* 194). En este sentido:

> La comunidad eclesial está llamada a mirar con espíritu de fe a la sociedad en la que vive, para "descubrir el fundamento de las culturas, que en su núcleo más profundo están siempre abiertas y sedientas de Dios", para interpretar los significados de los cambios culturales que se están produciendo, con el fin de transmitirle el Evangelio de la alegría que todo lo renueva y vivifica. Por ello, la comunidad eclesial anhela entrar en esos *nudos de la exis-*

tencia, en los ámbitos de la antropología y en los areópagos modernos donde se crean las tendencias culturales y se forman nuevas mentalidades: la escuela, la investigación científica y el ambiente de trabajo; el área de los medios sociales y de la comunicación; el ámbito de los compromisos por la paz, el desarrollo, la protección de la creación, la defensa de los derechos de los más débiles; el mundo del ocio, del turismo, del bienestar; el espacio de la literatura, de la música y de las diversas expresiones artísticas (*DC* 324).

Es preciso, pues, observar en profundidad el contexto sociocultural que nos toca vivir, para descubrir los valores y las oportunidades que nos brinda para la vida de la comunidad cristiana y la actividad de la catequesis. Así, por poner un ejemplo, respecto al valor que la opción libre tiene para la fe, nos puede ayudar mucho la valoración que esta sociedad reconoce a la libertad; sobre esta base es más fácil promover la fe como una opción personal y gratuita, madura y consciente (*cf. DC* 322).

3 RELACIÓN ENTRE LA COMUNIDAD CRISTIANA Y LA CATEQUESIS

Llegados a este punto, vamos a centrarnos de lleno en la relación de la comunidad cristiana con la catequesis. Vamos a observar que esta relación es muy estrecha, hasta el punto de tener que subrayar la gran importancia que la comunidad tiene para la catequesis. En realidad, tal como afirma el último *Directorio*, "*la comunidad cristiana es el sujeto de la catequesis*" (*DC* 218), y ha de ser considerada "*el origen, lugar y meta de la catequesis*" (*DC* 133)[8].

A continuación, vamos a exponer cada uno de estos conceptos, centrándonos y profundizando, especialmente, en las indicaciones que nos ofrece el *DC*.

---

[8] Aquí el *Directorio para la catequesis* cita a su predecesor, recogemos la cita completa: "La comunidad cristiana es el origen, lugar y meta de la catequesis. De la comunidad cristiana nace siempre el anuncio del Evangelio, invitando a los hombres y mujeres a convertirse y a seguir a Jesucristo. Y es esa misma comunidad la que acoge a los que desean conocer al Señor y adentrarse en una vida nueva" (*DGC* 254).

❶ La comunidad cristiana, sujeto de la catequesis

a. La comunidad cristiana, sujeto principal de la catequesis

Cuando nos acercamos a la comunidad cristiana y a su relación con la catequesis, descubrimos, en primer lugar, que tiene una fundamentación teológica. Si la catequesis tiene como objetivo *hacer resonar el Evangelio en el corazón de la persona*[9], y como finalidad propiciar "el encuentro vivo con Cristo" (*DC* 75), es preciso comenzar remarcando la primacía de la gracia y el protagonismo del Espíritu Santo. Nosotros, como es evidente, no somos dueños de la fe, sino sus mediadores. Como dice el papa Francisco y el *Directorio* subraya, el Espíritu Santo nos *primerea*, él es "el verdadero protagonista de la misión eclesial" (*DC* 23), "el alma de la Iglesia evangelizadora" (*DC* 39).

Por otro lado, la catequesis forma parte del ministerio de la Palabra; y tal como nos recuerda el papa Benedicto XVI:

> La Iglesia se funda sobre la Palabra de Dios, nace y vive de ella. A lo largo de toda su historia, el pueblo de Dios ha encontrado siempre en ella su fuerza, y la comunidad eclesial crece también hoy en la escucha, en la celebración y en el estudio de la palabra de Dios (*VD* 3).

Teniendo en cuenta que "un cristiano no nace, se hace" (Tertuliano), la comunidad cristiana puede generar cristianos porque participa de la única generatividad del Dios Trinidad, ya que solo él puede hacer que nazcan hijos suyos, discípulos de su Hijo, Jesús. Por este motivo, la comunidad cristiana es el "vientre generador de la fe", "es el seno materno en el que nace y crece la vocación específica para el servicio de la catequesis" (DC 133)[10], pues "siendo nuestra madre es también educadora de nuestra fe" (*CCE* 169). En este punto el *Directorio general para la catequesis* es más explícito:

---

[9] *Cf.* Francisco, *Discurso a los participantes en el Congreso Internacional de Catequesis* (10-IX-2022). Para una definición más amplia *cf. DC* 55.

[10] Continúa exponiendo en este punto: "Es una comunidad real, rica en dones y oportunidades, pero no exenta de límites y debilidades. Es en ella donde se hace experiencia de la misericordia de Dios y donde uno se ejercita en la acogida y en el perdón mutuos. La comunidad que experimenta el poder de la fe y sabe cómo vivir y dar testimonio del amor *anuncia* y *educa* de manera completamente natural" (*DC* 133).

Estas son las razones profundas por las que la comunidad cristiana es en sí misma catequesis viviente. Siendo lo que es, anuncia, celebra, vive y permanece siempre como el espacio vital indispensable y primero de la catequesis. La Iglesia ha generado a lo largo de los siglos un incomparable patrimonio de pedagogía de la fe: sobre todo el testimonio de las catequistas y de los catequistas santos; una variedad de vías y formas originales de comunicación religiosa como el catecumenado, los catecismos, los itinerarios de vida cristiana; un valioso tesoro de enseñanzas catequéticas, de expresiones culturales de la fe, de instituciones y servicios de la catequesis. Todos estos aspectos constituyen la historia de la catequesis y entran con derecho propio en la memoria de la comunidad y en el quehacer del catequista (*DGC* 141).

En esta línea, el propio *Directorio para la catequesis* hace ricas aportaciones al considerar a las personas como protagonistas y sujetos activos de la comunidad (*cf. DC* 4e). Así se concibe a los niños (*cf. DC* 242), a los adultos (*cf. DC* 241) e incluso a las personas con discapacidad (*cf. DC* 269).

Según Antonino Romano, este concepto de la comunidad cristiana como sujeto de la catequesis "es una idea completamente nueva respecto al pasado, recupera la tradición de la Iglesia antigua, está profundamente radicada en la Revelación y ha sido iluminada plenamente por el magisterio de *Lumen gentium* y en los documentos pontificios sucesivos"[11]. En este sentido, para reconocer la importancia que el *Directorio* da a la comunidad como sujeto de la catequesis, es suficiente con reparar en el número de veces que usa el término "comunidad" (226 veces) y "catequesis" (1024 veces). Ambas realidades están extremadamente ligadas.

b. Catequistas de la comunidad cristiana

Siendo la comunidad cristiana el sujeto de la catequesis, de ella deben surgir las personas que se dediquen al ministerio de la catequesis. Por ello, los catequistas tienen un lugar importante dentro de la comunidad cristiana y en el oficio de transmitir la fe. Llama la atención que, en el

---

[11] A. ROMANO, "Genitori e iniziazione cristiana dei figli, Genitori e iniziazione cristiana dei figli. Dal contributo esterno alla corresponsabilità piena nella comunità": *Catechesi* 83 (2013/2014) 2, 13. La traducción es nuestra.

Directorio para la catequesis, los capítulos dedicados a los catequistas y a su formación se ubiquen dentro de la primera parte, troncal, cuyo contenido trata sobre la catequesis en la misión evangelizadora de la Iglesia. No era así en el anterior *Directorio,* que aparecía en la quinta parte, en donde se trataba la catequesis en la Iglesia particular. Este cambio de lugar ya indica una opción: no se puede entender la catequesis sin los agentes que la llevan a cabo.

> Toda la comunidad cristiana es responsable del ministerio de la catequesis, pero cada uno según su condición particular en la Iglesia: ministros ordenados, personas consagradas, fieles laicos. El catequista pertenece a una comunidad cristiana y es expresión de ella. Su misión se vive dentro de una comunidad que es el primer sujeto de acompañamiento en la fe (*DC* 111)[12].

En efecto, aunque la responsabilidad en la transmisión de la fe es de todos, "algunos fieles se sienten llamados por Dios a asumir la misión de catequistas en la comunidad cristiana, al servicio de una catequesis más orgánica y estructurada" (*DC* 122)[13]; por ello, "dentro de la comunidad, el grupo de catequistas tiene un papel particular" (*DC* 134), cuya formación se debe realizar dentro de la comunidad cristiana, su lugar por excelencia (*cf. DC* 133).

No obstante, aunque haya personas dedicadas de forma especial a la catequesis, uno de los mayores desafíos es que las familias, "sujetos activos de la catequesis, superen la mentalidad común de delegación, según la cual la educación en la fe está reservada a los especialistas. Esta mentalidad es favorecida por la misma comunidad que no logra organizar la catequesis con un estilo familiar y a partir de las mismas familias"

---

[12] También se indica en *DC* 296.

[13] La comunidad cristiana es la responsable de discernir si una persona puede dedicarse al ministerio de la catequesis. Como ejemplo, esto cobra gran importancia cuando se trata de enviar catequistas a la educación en la fe de los adolescentes y jóvenes: "Queda al cuidado de la comunidad identificar para el servicio de la catequesis a aquellas personas propensas a sintonizar con su mundo, iluminándolo con la luz y la alegría de la fe. Es importante que la catequesis se lleve a cabo dentro de la pastoral juvenil y con una fuerte connotación educativa y vocacional, en el contexto de la comunidad cristiana y de otros ambientes en los que viven los adolescentes" (*DC* 249).

(*DC* 124). El *Directorio* también hace referencia al papel de los padrinos y cómo estos deben ser propuestos por la comunidad cristiana (*cf. DC* 125), al apoyo que ejercen los abuelos (*cf. DC* 126) como catequistas naturales de la comunidad (*cf. DC* 267) y a la valiosa contribución de las mujeres en la catequesis (*cf. DC* 127).

❷ La comunidad cristiana, origen de la catequesis

La comunidad cristiana, al ser el sujeto, es el origen del cual nace la catequesis. La comunidad "acoge la petición de los que buscan al Señor y, durante el período necesario —a través de los que ella designe—, realiza una primera forma de evangelización y de discernimiento, por el acompañamiento y la explicación del kerigma" (*DC* 33). Así se entiende el *carácter iniciático* de la comunidad cristiana, ya que la persona inicia, en su comunidad, su camino personal de respuesta a Dios a través de una catequesis de iniciación cristiana.

En cuanto a la comunidad cristiana inmediata y de referencia, descubrimos que la Iglesia particular —al igual que la Iglesia universal—, bajo la guía de su obispo, es el sujeto de la evangelización (*cf. DC* 416). Ella es la que tiene la responsabilidad de articular los itinerarios de catequesis y los directorios que la regulan, también es la encargada de coordinar la actividad catequística a nivel diocesano para realizar una estrategia operativa de comunión que evite la fragmentación de las propuestas. Además, "es precisamente a través de ella que las personas entran en contacto con una comunidad, escuchan la Palabra de Dios, se hacen cristianas por el bautismo y se reúnen para la asamblea eucarística que, presidida por el obispo, es la principal manifestación de la Iglesia (*DC* 294).

❸ La comunidad cristiana, lugar de la catequesis. Algunas perspectivas del *Directorio*

El *Directorio para la catequesis* es muy claro al indicar que la comunidad cristiana es el lugar de la catequesis. Cuando se refiere a lugar, como veremos, se refiere tanto al lugar donde nace y madura la fe a nivel personal como al lugar físico donde se realiza la catequesis. Rino Fisichella, en la presentación del *Directorio*, ya dice que la fe "se transmite a través del encuentro interpersonal y se nutre *en el seno* de la comunidad". Por ello se valora su carácter iniciático, puesto que "la catequesis introduce en todas las dimensiones de la vida cristiana, ayudando a cada uno *a iniciar, en la comunidad*, su camino personal de respuesta a Dios que le ha buscado" (*DC* 64b). No obstante, si en un lugar queda clara esta idea es en el número cuarto, donde afirma:

> La Iglesia, misterio de comunión, está animada por el Espíritu, que la hace fecunda para generar nueva vida. Con esta mirada de fe, se reafirma el *papel de la comunidad cristiana como el lugar natural de generación y maduración de la vida cristiana*.

La comunidad cristiana es el lugar propio de la catequesis porque es en ella donde se da el testimonio de la fe, se participa de la vida litúrgica de la Iglesia, donde es posible el encuentro con la Sagrada Escritura y da comienzo el ejercicio de la caridad (*cf. DC* 240). Hasta tal punto es importante la comunidad cristiana como espacio de la catequesis que el *Directorio* indica: "La pedagogía catequética debe dirigir todos sus esfuerzos a hacer comprender la importancia de la comunidad como espacio fundamental para el crecimiento personal" (*DC* 218).

a. La comunidad cristiana es el lugar donde se celebra la fe

Por muchos factores, la comunidad es referente para la catequesis, pero, entre todos, destaca el hecho de que ella es lugar donde se celebra la fe. La catequesis "comienza con *un primer encuentro verdadero del catequizando con la comunidad que celebra el misterio*, y esto equivale a decir que la catequesis se realiza plenamente cuando participa en la vida litúrgica de la comunidad" (*DC* 96).

El papa Francisco, en *Evangelii gaudium* (166-168), indicó que la catequesis debía ser mistagógica, y para que esto suceda, la comunidad cristiana debe tener este carácter. Esto quiere decir que la catequesis debe adquirir un estilo, una perspectiva y una mentalidad mistagógica que impregne cada fase del itinerario. No es suficiente con recuperar el cuarto tiempo del proceso iniciático —el de la mistagogía propiamente dicho— que se produjo gracias al redescubrimiento del catecumenado. La comunidad cristiana debe realizar una catequesis que guíe al catequizando "hacia un encuentro pleno con el misterio de Cristo en la vida de la comunidad" (*DC* 63), insertándolo en la vida de la comunidad. En definitiva, la inspiración catecumenal debe impregnar toda la catequesis, ya que el catecumenado debe ser el modelo de toda catequesis de iniciación (cf. DC 242) y es, justamente, por esta opción que toda catequesis debe tener un *"carácter comunitario"*:

> El catecumenado es un proceso que se realiza en una comunidad concreta, que experimenta la comunión dada por Dios y es, por tanto, consciente de su responsabilidad en el anuncio de la fe. La catequesis, inspirada en el catecumenado, integra la contribución de diferentes carismas y ministerios (catequistas, servidores de la liturgia y la caridad, líderes de grupos eclesiales, junto con los ministros ordenados, etc.), manifestando, de este modo, que el seno que regenera en la fe es toda la comunidad (DC 64d).

Además, una de las tareas de la catequesis es "iniciar en la celebración del misterio"; por ello, dentro de la comunidad, debemos educar en el significado del domingo como día del Señor y de la comunidad cristiana, y en el sentido de comunidad, junto con las actitudes que exigen las celebraciones de la Iglesia (cf. DC 81 y 82). En este contexto cultural marcado por lo digital, "no hay que subestimar el poder de la liturgia para comunicar la fe e introducir en la experiencia de Dios" (DC 372).

b. Importancia del grupo

El *Directorio* no solo da gran importancia a la comunidad cristiana como lugar de la catequesis, también valora *el grupo como primera experiencia de comunidad*, ya que "la forma comunitaria también es visible en la dinámica del grupo, lugar concreto donde vivir «relaciones nuevas generadas por Jesucristo» que pueden «convertirse en una verdadera experiencia de fraternidad» (EG 87). El cuidado de las relaciones de grupo tiene un significado pedagógico: desarrolla el sentido de pertenencia eclesial y ayuda al crecimiento de la fe" (DC 218). En efecto, estas palabras remarcan la importancia del grupo en la catequesis, dentro de la comunidad cristiana:

> El grupo es importante en los procesos de formación de las personas. Esto es válido para todas las edades: para los pequeños, a los que se ayuda a vivir una buena socialización; para los jóvenes, que sienten una gran necesidad de relaciones auténticas; para los adultos, que desean experimentar compartir y la corresponsabilidad en la Iglesia y en la sociedad. *El catequista está invitado a hacer vivir en el grupo la experiencia de comunidad como la expresión más coherente de la vida de la Iglesia, que encuentra en la celebración de la*

eucaristía su forma más visible. Si se trata de un auténtico lugar de relaciones entre personas, la experiencia del grupo es un terreno favorable para acoger y compartir el mensaje salvífico. Junto con la proclamación del Evangelio en forma comunitaria, la comunicación de la fe también exige el contacto de persona a persona (*DC* 219).

c. Importancia del espacio

Tal como hemos indicado más arriba, al hacer referencia al espacio, el *Directorio* también habla de la comunidad cristiana como lugar/espacio físico donde se realiza la catequesis. En este sentido, se nos dan claves tan significativas como esta:

> *Los espacios de la catequesis son lugares por medio de los cuales la comunidad expresa su forma de evangelizar.* En el contexto social y cultural actual, es conveniente reflexionar sobre la especificidad de los lugares de catequesis como instrumentos de anuncio y de educación en las relaciones humanas. Por tanto, es necesario que estos lugares sean acogedores y estén bien cuidados, para que se perciba un clima de familiaridad que favorezca una participación serena en las actividades de la comunidad. Los espacios que recuerdan las estructuras escolares están muy generalizados, aunque no constituyen el mejor lugar para el desarrollo de las actividades catequísticas. Por ello, es aconsejable adaptar esos espacios al significado específico de la catequesis (*DC* 222).

A lo largo de los siglos, la Iglesia se ha tomado muy en serio el cuidado del espacio; ha creado estancias adecuadas para acoger a las personas y para realizar acciones tan importantes como la liturgia, el apostolado, la formación, la caridad, etc. Las comunidades eclesiales se expresan y comunican a través de los espacios que crean (*cf. DC* 221). En la nueva etapa evangelizadora en la que está sumida la Iglesia, en donde prima la misión y la salida, los espacios eclesiales deben ser replanteados según esta opción (*cf. DC* 223).

d. La formación de catequistas en la comunidad cristiana

"El lugar por excelencia para la formación del catequista es, por tanto, la comunidad cristiana" (*DC* 133). A la luz de esta afirmación, es preciso reconocer que la comunidad cristiana es, también, el lugar propio para la formación de catequistas. En la comunidad cristiana, enraizado en ella, debe encontrar cabida el *grupo de catequistas*. Este grupo ministerial debe recobrar gran importancia, porque en él caminan juntos los catequistas con objeto de compartir experiencia y formarse como auténticos discípulos misioneros. Aquí la referencia ha de ser la formación que Jesús desarrolló con el grupo de sus discípulos, quien "no los envió solos a la misión, sino como una pequeña comunidad" (*DC* 160). Este grupo, junto con la propia comunidad, ha de estar atento a llamar y cuidar la formación de los jóvenes catequistas (*cf. DC* 255). Una formación que, según contempla el *Directorio*, apunta a la transformación de los catequistas para que adquieran la forma de Jesucristo.

> La *formación* es un proceso permanente que, *bajo la guía del Espíritu y en el seno vivo de la comunidad cristiana*, ayuda al bautizado a tomar forma, es decir, a desvelar su identidad más profunda que es la de ser hijo de Dios en íntima comunión con los demás hermanos. La acción formativa actúa a modo de *transformación* de la persona, que interioriza existencialmente el mensaje evangélico, para que este se convierta en luz y en orientación de su vida y de su misión eclesial (*DC* 131).

e. Necesidad de la conversión misionera de las comunidades cristianas

Concluimos afirmando que, *si la comunidad no comienza un proceso de conversión misionera, difícilmente podrá ser un lugar válido para la catequesis*. Es un hecho que muchos que han seguido los procesos catequísticos de la comunidad no se transforman en discípulos misioneros, pero pocas veces se contempla que, quizá la causa de dicho fracaso habría que buscarla en que la catequesis se ha desarrollado en comunidades cristianas poco significativas[14]:

> De un modo particular, hoy la espiritualidad de la nueva evangelización se realiza a través de una *conversión pastoral*, por medio de la cual, la Iglesia —según un dinamismo que atraviesa toda la Revelación— se siente llamada a

---

[14] El *Directorio*, en el contexto de la catequesis con jóvenes, explica esto en los siguientes términos: "Con respecto a la experiencia eclesial, en esta fase de la vida, muchos se alejan de la Iglesia o muestran su indiferencia o desconfianza frente a ella. Entre las causas que provocan esta situación hay que considerar la falta de testimonio, de credibilidad, y de apoyo espiritual y moral por parte de las familias, catequesis deficiente y una comunidad cristiana poco significativa" (*DC* 251).

realizarse *en salida*, y se proyecta en un *estado permanente de misión* (*cf. EG* 20-33). Este impulso misionero implica una verdadera *reforma de las estructuras* y de las dinámicas eclesiales con el fin de que todas sean más misioneras. Es decir, capaces de vivificar con audacia y creatividad tanto el panorama cultural y religioso como el horizonte personal de todo individuo. Cada bautizado, como "discípulo misionero" (*EG* 120), es sujeto activo de esta misión eclesial (*DC* 44).

Los agentes que deben realizar este proceso de discernimiento pastoral, que lleve a la conversión de las estructuras, son las propias Iglesias particulares, y en ellas, cada comunidad o grupo eclesial (*cf. DC* 325). Así, un punto paradigmático donde podemos observar esta necesidad es el siguiente:

> La propuesta catequética se realiza en contextos que, a veces, cuestionan las formas tradicionales de iniciación y educación en la fe. De hecho, varias Iglesias particulares y locales han emprendido procesos de verificación y renovación de la pastoral, identificando objetivos, elaborando proyectos y poniendo en marcha iniciativas diocesanas, nacionales y continentales.

> Esta renovación también requiere que las comunidades reformen sus estructuras. Hay una fuerte necesidad de poner todo en clave evangelizadora, como principio fundamental que guía toda acción eclesial. Hasta la catequesis participa en esta transformación misionera, sobre todo creando espacios y propuestas concretas para el primer anuncio y para el replanteamiento de la iniciación cristiana en clave catecumenal.

> Así, articulándose de manera orgánica con las demás dimensiones de la pastoral, y gracias a un discernimiento pastoral realista, se podrá evitar el riesgo del activismo, el empirismo y de la fragmentación de las propuestas (*DC* 297).

Con este espíritu de reforma, se entiende que el papa Francisco, en su exhortación programática, subrayara que la catequesis en nuestro tiempo debe ser kerigmática (*cf. EG* 163-165). Esto mismo había sido señalado por san Juan Pablo II, en *Redemptoris missio,* cuando afirmó la necesidad de "comunidades cristianas con estructuras eclesiales adecuadas y sólidas; [que porque] tienen un gran fervor de fe y de vida; irradian el testimonio del Evangelio en su ambiente y sienten el compromiso de la misión universal" (*RM* 33). Sin esta conversión, la comunidad cristiana tendría muy debilitada su misión de engendrar nuevos cristianos.

❹ La comunidad cristiana, meta de la catequesis

a. Una catequesis que genere discípulos misioneros que se incorporen a la comunidad

Llegamos así al último término, que señala a la comunidad cristiana como meta de la catequesis. Esto, sin duda, es consecuencia de una catequesis que sea capaz de generar discípulos misioneros que se incorporarán a la comunidad que les ha sido nutricia. Para comprender bien lo que está en juego y partiendo del decreto *Ad gentes*, vamos a comenzar por recordar cuáles son las tres etapas y momentos esenciales del proceso evangelizador[15]. Tiene su importancia la buena comprensión y realización de este dinamismo para que la comunidad cristiana pueda llegar a ser la meta de la catequesis.

– La acción misionera

Estamos en un tiempo eclesial en el que se está poniendo en valor *la acción misionera,* la cual tiene como destinatario prioritarios los no creyentes o los que viven en la indiferencia religiosa. Este primer momento del proceso de evangelización se daba por supuesto en el tiempo de cristiandad; sin embargo, en un tiempo que prima el secularismo y la indiferencia, hemos tomado conciencia de su carácter prioritario, máxime si deseamos que el conjunto de la actividad evangelizadora produzca los frutos deseados:

> Este espontáneo impulso misionero debe ser apoyado por una verdadera *pastoral del primer anuncio*, capaz de tomar iniciativas para proponer explícitamente la buena nueva de la fe, manifestando concretamente el poder de la misericordia –corazón mismo del Evangelio– y *favoreciendo la inserción* [meta] de los que se convierten en la comunidad eclesial (*DC* 41; la cursiva y los corchetes son nuestros).

Cada vez es más evidente que no solo debemos realizar la *missio ad gentes* en los lugares donde no se conoce a Cristo, sino también allí "donde faltan comunidades cristianas suficientemente maduras como para poder encarnar la fe en el propio ambiente y anunciarla a otros

---

[15] Aquí seguimos las etapas que señala y reseña el *DC* en los números 31-37.

grupos" (*RM* 33). Para llevar a cabo esta acción misionera, será esencial promover un testimonio renovado, sensibilizar hacia la fe y la conversión inicial mediante *el primer anuncio*, concebido como un tiempo de búsqueda y maduración que pretende provocar la respuesta personal.

– *La acción catecumenal*

Pero si importante es tomar en consideración el primer momento del proceso evangelizador, también lo es acometer una renovación de *la acción catecumenal* (catequético-iniciática) tanto para las personas en las que se ha producido una conversión inicial y han hecho una primera opción por el Evangelio como para los que necesitan completar o renovar su iniciación. Si queremos que esta actividad se renueve, debemos concebir la catequesis desde una perspectiva amplia –que tenga en cuenta, de acuerdo con sus tareas, todas las dimensiones de la vida de fe– y que ayude a la generación de cristianos maduros. Como recordó el *Directorio general para la catequesis*: "La catequesis pone los cimientos del edificio espiritual cristiano, alimenta las raíces de su vida de fe, capacitándolo para recibir el posterior alimento sólido en la vida ordinaria de la comunidad cristiana" (*DGC* 67). Y el *Directorio para la catequesis,* al tratar sobre la catequesis con adultos, indica que la catequesis "tiene la tarea de acompañar y educar en la formación de las características propias del cristiano adulto en la fe, *discípulo* del Señor Jesús; esto en el seno de *una comunidad cristiana en salida*, es decir, inserta en las realidades sociales y culturales para el testimonio de la fe y la realización del reino de Dios" (*DC* 261).

En realidad, y de acuerdo con la actual reflexión y praxis catequística, esta etapa tiene como objetivo iniciar en el *"discipulado"*. Discípulos de Jesús son aquellos que viven "en la auténtica comunión de la fe eclesial, donde el «creo» del bautismo se combina con el «creemos» de toda la Iglesia (*cf. CCE* 166-167). De este modo, cada creyente se une a la comunidad de discípulos y hace suya la fe de la Iglesia; con la Iglesia, pueblo de Dios que camina en la historia y sacramento universal de la salvación, comparte su misión" (*DC* 21). En el discipulado nadie es destinatario de una acción que le es ajena, todo aquel que desea seguir a Jesús ha de ser considerado un sujeto activo, dentro y fuera de la Iglesia, que entra a formar parte de una comunidad que es más grande que su familia, que es *una comunidad de discípulos misioneros.*

– La acción pastoral

Por último, llegamos a *la acción pastoral*, aquella que es llevada adelante por los cristianos maduros –o en proceso de madurez– que viven la fe en el seno de la comunidad, habiendo encontrado su lugar en el reino de Dios. En esta etapa, la Iglesia alimenta la fe de los bautizados y los ayuda en su proceso de vida cristiana. Esto es así porque "la fe se profesa, se celebra, se expresa y se vive solo en la comunidad" (*DC* 88); con lo cual es a través de su inserción en la comunidad que un cristiano puede madurar como tal en su camino de santidad. Esto es lo que confirma que la comunidad cristiana, necesariamente, es la meta de la catequesis.

La consideración de estos tres tiempos y su correcta articulación nos permite conocer si la comunidad cristiana goza de capacidad evangelizadora y, como consecuencia, la catequesis puede alcanzar sus objetivos. Como afirma el papa Francisco y el *Directorio* cita: "La dimensión comunitaria no es solo un «marco» o un «contorno», sino que es parte integrante de la vida cristiana, del testimonio y de la evangelización" (*DC* 88)[16].

b. Circularidad dinámica de la catequesis y la comunidad cristiana

Llegados a este punto, fundamentamos por qué la comunidad cristiana es la meta de la catequesis; y lo vamos a observar de una manera amplia, considerando la relación de circularidad dinámica que existe entre la catequesis y la comunidad:

COMUNIDAD   CATEQUESIS

---

[16] Francisco, *Audiencia general* (15-I-2014).

Tal como hemos dicho, lo primero que hay que considerar es que *la comunidad cristiana es el sujeto de la catequesis*, y por tanto, su origen, lugar y meta, hasta tal punto que se puede afirmar que una verdadera comunidad *es en sí misma catequesis viviente*, es el auténtico catequista y el mejor texto de catequesis[17]. Así pues, es preciso pensar la catequesis dentro de la comunidad eclesial, la cual está llamada a ser comunidad educadora o el primer acto educativo dentro de la misión evangelizadora, pues ella es la que acompaña el crecimiento cristiano en todas las fases de la vida. Todo lo cual nos lleva a concluir que "la catequesis es una responsabilidad de toda la comunidad cristiana" (*DGC* 220).

Pero además, la comunidad cristiana no es solo el sujeto de la catequesis, sino que la catequesis *"introduce al creyente en la experiencia viva de la comunidad cristiana"* (*DC* 2b). Ella es la meta de la catequesis porque los que se inician como cristianos deben desembocar integrándose en ella al final de su itinerario de educación en la fe (*cf. CC* 287). Como explica el *Directorio*: la catequesis "inicia en la fe y en la vida cristiana, mediante el itinerario catecumenal (catequesis, sacramentos, testimonio de caridad, experiencia fraterna), a los que se convierten a Jesucristo, o a los que retoman el camino de su seguimiento, *incorporando* a unos y *reconduciendo* a otros a la comunidad cristiana" (*DC* 31).

No obstante, el destinatario de la catequesis no son solo las personas concretas que se inician, también debemos *"considerar la comunidad cristiana en cuanto tal como destinataria de la catequesis"*[18]. Según André Fossion, esto es así porque, al igual que la catequesis no se limita a la iniciación sino a la madurez de la fe, las comunidades deben alcanzar esta madurez para que a su vez puedan ayudar a la maduración de las personas. Por este planteamiento podemos deducir que *la comunidad cristiana puede catequizar porque ha sido catequizada*. Cuando el *Directorio* se refiere a la catequesis y a la formación permanente de la vida cristiana, nos indica: "Esta acción catequética no se limita al creyente individual, sino que está destinada a toda la comunidad cristiana para

---

[17] *Cf.* A. Sotomayor, "Catechesi e Chiesa/comunità", en: P. Zuppa (ed.), *Apprendere nella comunità cristiana. Come dare "ecclesialità" alla catechesi oggi*, Torino 2012, 47-48.

[18] A. Fossion, *Il Dio desiderabile. desiderabile. Proposta della fede e iniziazione cristiana*, Bologna 2011, 343.

sostener el compromiso misionero de la evangelización" (*DC* 73). Algo semejante recordó san Pablo VI al afirmar que:

> La Iglesia comienza por evangelizarse a sí misma. Comunidad de creyentes, comunidad de esperanza vivida y comunicada, comunidad de amor fraterno, tiene necesidad de escuchar sin cesar lo que debe creer, las razones para esperar, el mandamiento nuevo del amor. [...] Siempre tiene necesidad de ser evangelizada, si quiere conservar su frescor, su impulso y su fuerza para anunciar el Evangelio (*EN* 15).

Esto es muy importante para recuperar las distintas etapas del proceso de la evangelización, puesto que lo que se busca no es solo el crecimiento de las personas, sino también de las comunidades; solo de esta manera podrán ser el sujeto de la catequesis (*cf. DC* 32). Si las comunidades son los sujetos —las que realizan— de la catequesis, y la catequesis debe introducir al catequizando a su comunidad cristiana —la meta—, entonces se sigue que las comunidades pueden ser verdaderamente catequizadoras porque han sido catequizadas. La relación entre la catequesis y la comunidad es tan estrecha que es "punto esencial de partida y de llegada de todo proceso catequístico auténtico"[19].

4 TAREA DE LA CATEQUESIS: INTRODUCIR EN LA VIDA COMUNITARIA

Después de haber analizado a la comunidad cristiana como sujeto, origen, lugar y meta de la catequesis, concluimos el presente estudio recordando que una de las cinco tareas de la catequesis es *"introducir en la vida comunitaria"*. Esto es una novedad del presente *Directorio*, ya que se ha incorporado esta quinta tarea junto con las cuatro existentes, que son: conducir al conocimiento de la fe —conocer—, iniciar en la celebración del misterio —celebrar—, formar para la vida en Cristo —vivir— y enseñar a orar —orar—. No es que la dimensión comunitaria no estuviera

---

[19] A. Sotomayor, *"Catechesi e Chiesa/comunità"*, en: P. Zuppa (ed.), *Apprendere nella comunità cristiana. Come dare "ecclesialità" alla catechesi oggi*, Torino 2012, 46.

presente en los *Directorios* anteriores[20], pero no de forma tan explícita como una de las tareas propias.

Al analizar lo que indica el *DC* con respecto a esta tarea, y ampliando lo ya dicho con anterioridad, queremos desarrollar tres elementos iniciáticos.

❶ Desarrollar el sentido de pertenencia eclesial

En este contexto cultural en el que prima el individualismo, la *acogida* es esencial. La comunidad cristiana debe acoger a todas las personas que se acerquen a ella, sea cual sea su situación particular (*cf. DC* 258). Así, se ha de esforzar recibir a las personas "tratando de captar su situación existencial concreta y escuchando sus exigencias y necesidades reales" (*DC* 261). Es preciso que las personas se sientan reconocidas en la comunidad, que perciban que nadie sobra y todos tienen su espacio. Todos se han de considerar bienvenidos y, si alguien no viene, que reconozca que la comunidad siente su ausencia, se interesa por él y se preocupa por sus problemas reales.

Así, "la catequesis, en referencia a la educación en la vida comunitaria, tiene la tarea de desarrollar el sentido de *pertenencia* a la Iglesia" (*DC* 89). Esto tiene mucho más valor si tenemos en cuenta que hoy, en nuestra sociedad, cada vez hay más personas que están solas. Las personas tienen una sed de pertenencia a grupos significativos que sientan como "su otra familia". "La comunidad cristiana es una *familia de familias* y ella misma es la familia de Dios" (*DC* 229). Es imprescindible adquirir un ambiente familiar que genere ese clima de acogida y un lugar donde nadie se sienta extraño o excluido.

Este sentido de pertenencia tiene una importancia estratégica en este tiempo, más aún, si cabe, que en las generaciones anteriores. Vivimos en un *contexto digital* que cada vez despersonaliza más a nuestros coetáneos, quienes sienten en lo más profundo de sí una sed de relaciones cercanas y auténticas. Debemos situarnos de forma nueva para respon-

---

[20] En el *Directorio general para la catequesis*, junto con la iniciación a la misión, era considerada una tarea relevante (*cf. DGC* 86).

der a las nuevas generaciones, que son los que más sufren las consecuencias de esta cultural digital:

> La Iglesia está llamada a reflexionar sobre la peculiar manera que tienen los jóvenes digitales de buscar la fe y, por consiguiente, a actualizar sus formas de anunciar el Evangelio con el lenguaje de las nuevas generaciones, *invitándolos a crear un nuevo sentido de pertenencia a la comunidad*, que incluya y no se limite a lo que experimentan en la red. [...] Para ello se necesitan figuras autorizadas que, mediante un acompañamiento personal, lleven a cada joven a descubrir su proyecto personal de vida. Este camino requiere pasar de la soledad, alimentada por *likes* (me gusta), a la realización de proyectos personales y sociales que deben llevarse a cabo en comunidad (*DC* 370).

La catequesis "en la era digital será personalizada, pero nunca un proceso individual: del mundo individualista y aislado de las redes sociales se pasará a la comunidad eclesial, un lugar donde la experiencia de Dios se convierte en comunión y donde compartir lo vivido" (*DC* 372). Por todo ello, somos conscientes que este es uno de los grandes desafíos y oportunidades a los que nos enfrentamos.

❷ Educar en el sentido de la comunión eclesial

Además, para introducir en la vida comunitaria, es preciso *educar en el sentido de la comunión eclesial*:

> Esto es posible cuando se cultiva la *espiritualidad de comunión*. Esta espiritualidad nos hace captar la luz de la Trinidad también en el rostro de nuestro hermano, al sentirlo formando parte de uno mismo, en la unidad profunda del cuerpo místico; al compartir sus alegrías y sufrimientos para intuir sus deseos; al atender sus necesidades; al ofrecerle una verdadera profunda amistad (*DC* 88).

En un mundo en el que se destaca más lo negativo que lo positivo y las personas se enfrentan entre ellas, incluso por sus propias ideas, educar en el sentido de la comunión exige "mirar en el otro, en primer lugar, lo positivo para valorarlo como un don de Dios, ayuda a rechazar las tentaciones egoístas que generan la competencia, el arribismo, la desconfianza y los celos" (*DC* 88).

En este punto, la función de los catequistas es capital. Si ellos no viven una espiritualidad de comunión; no descubren que son miembros de la comunidad y enviados en su nombre; y no realizan su servicio con un estilo de comunión, en especial con los demás catequistas; no podrán cuidar la calidad de las relaciones ni educar en la comunión (*cf. DC* 150).

Esto tiene una gran profundidad y trascendencia; aquí tocamos algo de raíz teológica que brota del criterio de eclesialidad: "La catequesis inicia a los creyentes en el misterio de comunión vivida, no solo en su relación con el Padre, por Cristo y en el Espíritu, sino también en la comunidad de los creyentes por obra del mismo Espíritu. Educando en la comunión, la catequesis nos educa a vivir en la Iglesia y como Iglesia" (*DC* 176). Sin duda, esto conlleva promover una aceptación filial del magisterio, vivir en comunión con los pastores y el diálogo paternofilial con los que guíe en la caridad a la Iglesia.

❸ Formar para el sentido de la corresponsabilidad eclesial

En tercer y último lugar, el *Directorio* nos indica que la catequesis tiene como tarea "formar en el sentido de la *corresponsabilidad* eclesial, contribuyendo cómo sujetos activos a la edificación de la comunidad y como discípulos misioneros a su crecimiento" (*DC* 89).

Para promover esta corresponsabilidad, es preciso hacer conscientes a los catequizandos que su intervención en la marcha de la vida y misión eclesial brota de su vocación bautismal. En efecto, es la unción bautismal la que, unidos a los demás bautizados, los hace responsables de la marcha de la Iglesia, como miembros de un solo cuerpo.

Sin duda, este sentido de corresponsabilidad se cultiva por la vivencia y participación en el grupo formativo o en la pequeña comunidad. El catequista deberá estar atento a promover entre los miembros de su grupo las primeras experiencias de corresponsabilidad (*cf. DC* 219). Esto será posible si dan protagonismo a cada uno de ellos, si los hacemos sentirse valiosos e imprescindibles, si le hace reconocer que nadie sobra y que todos son importantes. El catequista podrá promover este sentido de corresponsabilidad en la medida en que él lo experimente en su grupo de catequistas, y aun en la misma comunidad.

3
COMUNIDAD E INICIACIÓN A LA VIDA CRISTIANA[1]

Santiago García Mourelo
Universidad Pontificia Comillas
Secretario de la AECA

Hacer una ponencia conclusiva, al finalizar unas Jornadas, se asemeja a tomar distancia de un cuadro impresionista para poder contemplarlo. Es necesario espacio, entre la obra y el espectador, para que la mirada pueda armonizar el conjunto de trazos que la componen —en ocasiones, si se observan de cerca, imprecisos y poco o nada delimitados—, y que estos cobren su sentido y manifiesten a la obra como una auténtica expresión artística.

Ignoro si la distancia temporal entre las ponencias y los diálogos de ayer y estas líneas —comenzadas a redactar apenas dos horas después del último encuentro— es suficiente. Con todo, espero poder mostrar la armonía de cuanto se dijo, tanto por el ponente como por los participantes, así como las cuestiones de fondo que, no siendo dichas, sí que se hicieron presentes y, también, el pulso espiritual que se manifestó en las mismas intervenciones.

De manera semejante, desconozco la competencia de mi observación pues, aun desempeñando labores catequéticas, y dedicando tiempo y empeño a la catequesis de base con niños, jóvenes y adultos, las consideraciones de mi mirada —imagino que, como la de todos— serán parciales; pero no solo, sino que estarán condicionadas por mi patria intelectual, que es la Teología Fundamental. Quizá sea esta una expresión de

---

[1] Algunos aspectos, aquí reflejados, son fruto del diálogo posterior que suscitó la ponencia entre los miembros de la Asamblea, y que ayudaron a perfilar mejor algunas cuestiones o a introducir otras, enriqueciendo el resultado final.

la interdisciplinariedad, dentro del ámbito teológico, al que se invita en *Veritatis gaudium* (4c) y que podríamos seguir fomentando.

1 PREÁMBULOS

A partir de aquí, quisiera establecer unos preámbulos, tan queridos por la vieja apologética, que, a mi entender, han emergido en el día de ayer.

❶ Catequética, epistemología y discernimiento

En catequética, bien sabemos que se entrecruzan diversas disciplinas propiamente teológicas y otras ajenas, como la sociología o la pedagogía. En ocasiones corremos el riesgo de confundir la "teología catequética" con la "praxis catequética"; deslizándonos hacia la casuística particular y obviando el dúplice origen normativo de la reflexión teológica, que reside en la revelación y en la razón. Es cierto que la praxis tiene su lugar, en cuanto instancia verificadora o provocadora, pero quizá no tanto como instancia o criterio de discernimiento de cuanto se realiza.

Como digo, la catequética, en cuanto disciplina teológica, parte de la revelación de Dios (*auditus fidei*), para pensar, desde la propia tradición y junto con otros, que incluso puedan ser ajenos (*intellectus fidei*) los criterios, los principios y las propuestas específicas (*praxis fidei*) que puedan ofrecer una existencia lograda según el querer de Dios trino, remitiendo, de esta manera, al *auditus* inicial.

Este ejercicio, realizado dentro del "círculo teológico" (Paul Tillich), es ante todo un quehacer espiritual: ¿qué insinúa el Espíritu? ¿Qué nos provoca? ¿Hacia dónde nos lleva? Son las preguntas básicas en la reflexión catequética y en toda reflexión teológica. No podemos obviar que la evangelización consiste, ante todo, en "despertar procesos espirituales" (*DC* 43), y que el gran protagonista de la evangelización y, por ende, de las comunidades y de los procesos iniciáticos que desarrollen es el Espíritu Santo (*DC* 23.112). Por ello requiere del discernimiento. Este no consiste meramente en el conocimiento y la elección entre varias alternativas, sino en la consideración de las mociones que el Espíritu provoca en el interior de diversas opciones; discriminándolas de las mociones

58

que provienen de nosotros mismos –atracciones, rechazos, simpatías, desafecciones, etc.

Cuando este ejercicio se realiza personalmente, es cuando puede realizarse un discernimiento comunitario, en el que se comparten las resonancias y mociones ante una cuestión, generando otros tantos movimientos espirituales.

❷ Nuestras Jornadas 2023

Alguno pensará que estas cuestiones son ajenas al tema tratado, pero han emergido, si bien con otras palabras y de formas diversas, en los diálogos mantenidos sobre la relación entre "Comunidad e iniciación a la vida cristiana". Me explico.

Un acorde de fondo ha sido el carácter sugerente, y en cierta manera provocador, de cuanto se ha expuesto. Más allá de su organicidad, creo que las ponencias han facilitado el movimiento del Espíritu que a cada uno, desde su contexto y sensibilidad, le ha provocado reflexionar. Sin exponer sistemáticamente la relación comunidad-iniciación, tanto por las ponencias como por la metodología dialogal adoptada, en cada participante han aflorado problemáticas y retos particulares; algunos de ellos comunes que, a pesar de las formulaciones compartidas, buscan ser resueltas de manera diversa. Quizá se abre aquí un nuevo modo y perfil en las Jornadas que, más que una serie de exposiciones magistrales, deban buscar la evocación, la provocación y, por qué no, la invocación compartida.

Junto con ello, hemos podido experimentar el "doble oficio" de catequeta, en cuanto explorador y cartógrafo. En el triple ejercicio del *auditus, intellectus et praxis fidei*, se ve la audacia de quien rastrea huellas –del Espíritu–, abre caminos –en las comunidades–, se pierde y se encuentra, está en soledad –lejos de rutinas–, a veces sufriendo la intemperie en tierras ignotas, etc., y, a la vez, de quien ha de trazar sendas para otros, describiendo cuanto ve para que quienes irán detrás no se pierdan. En este sentido, en los diálogos ha emergido una clave fundamental para la catequética y la catequesis, y podría sintetizarse en el *adagio* que sintetiza la epistemología teológica: *per invisibilia ad visibilia* –de lo invisible a lo visible–. Un procedimiento contrario por completo de otros, pero que sería lo específico que podemos aportar, rememorando la exhortación de Pablo a los cristianos de Corinto: "Ya que no nos fijamos en lo que se ve, sino en lo que no se ve; en efecto, lo que se ve es transitorio; lo que no se ve es eterno (2 Cor 4,18).

Para articular este "doble oficio" del catequeta y transitar su camino *per invisibilia ad visibilia,* se dispone de "dos libros" básicos, no únicos, pero sí esenciales: la Sagrada Escritura y la vida de las personas. Con ellos, la reflexión catequética está capacitada para ir más allá de la valoración funcional de cuanto se realiza –esto funciona o no funciona–. Incluso, en aquellas dificultades o extravíos que se puedan cometer, con estos "dos libros" se es capaz de reconocer la novedad que esconde cada equivocación, porque esta forma parte esencial de los mismos procesos.

Estas cuestiones han surgido cuando hemos constatado la ausencia de fines y la abundancia de medios, cuando no su confusión, en la catequesis y en sus metodologías. También en la necesidad de adquirir una mirada mistagógica que sepa descubrir las brechas, en cuanto y en cuantos nos rodean, que posibiliten la acogida del Misterio de Dios que se manifiesta, incluso en la aparente pobreza de una comunidad anciana, o reducida, o diversa en su participación y pertenencia. Siempre debemos recordar a Isaac de la Estrella cuando dijo: *Vox vero Verbi omnis eventus rei*[2] –'la voz del Verbo es cada acontecimiento'–, independientemente de la dificultad en su acogida. No es que Dios mande unas u otras cosas para aleccionarnos o premiarnos –lejos de todo providencialismo–, sino que en toda ocasión, sea compleja, dolorosa o amable, Dios se abre camino indicando su voluntad. Otra cuestión es que seamos capaces de percibirla, discernirla y secundarla.

Desde aquí, un elemento que creo que ha sido dominante en las ponencias y en sus diálogos posteriores ha sido la consideración sobre las condiciones que han de darse en una comunidad para que esta pueda iniciar a otros en la fe, más que en la misma relación comunidad-iniciación. Cuestión que, en cierto sentido, muestra el vínculo entre la fragilidad de ambas. Porque no hemos desarrollado dicha relación, se revela

---

[2] ISAAC DE LA ESTRELLA, *Sermón* 47, 13 (SCh 339, 145).

que hay un paso previo que ha de realizarse y que, en la medida que se realice, podrá establecerse dicha relación.

2 CONDICIONES PARA LA INICIACIÓN A LA VIDA CRISTIANA

Esta idea de las condiciones para la iniciación a la vida cristiana surge de una reflexión teológico-fundamental sobre la acogida de la revelación, que puede encontrarse en Martin Heidegger y, específicamente, en Jacques Derrida[3]. Brevemente, la cuestión problemática es que solo se puede hablar de revelación en la medida en que hay no solo una disposición o unas estructuras para acogerla, sino unas condiciones que posibilitan su acogida; es decir, su revelabilidad. "Tejas para abajo", bien sabemos que solo bajo ciertas condiciones una persona se nos revela de una forma u otra; no es que esa persona haya cambiado, sino que no se daban las condiciones para que se mostrase así. En el ámbito de la fe, en cuanto respuesta a la revelación, sucede algo similar. No es que Dios no se revele —continuamente, podríamos decir—, sino que no se dan las condiciones para que la persona pueda responder, prestándole el asentimiento de su intelecto y voluntad.

Análogamente, como he apuntado, el hecho de que la reflexión se haya centrado en las condiciones que han de darse en una comunidad para la iniciación a la vida cristiana implica que es una relación problemática que solo se puede acometer indirectamente; no tanto desde los principios que la sustentan —revelación, Iglesia, misión—, que sirven de criterio, sino desde la realidad que tenemos y se demanda. En la medida en que esa realidad —esas comunidades— favorezcan esas condiciones, podremos hablar realmente de la correlación comunidad-iniciación.

❶ Escuchar

Quizá, la condición esencial se pueda sintetizar con el verbo "escuchar", con la fuerza semántica que tienen los verbos que, no solo indi-

---

[3] Cf. J. DERRIDA, "Fe y saber. Las dos fuentes de la «religión» en los límites de la mera razón", en: J. DERRIDA et al., *La religión*, Buenos Aires 1997, 7-129; M. HEIDEGGER, "... Poéticamente habita el hombre...": *Conferencias y artículos*, Barcelona 1994.

can una acción, es decir, uno o varios sujetos, sino que requieren ser conjugados.

En la escucha se manifiesta una apertura singular por la que dejamos que algo, otro –o alguien– entre en nosotros. Bien sabemos que no es un mero oír, sino que requiere de atención, de una intencionalidad responsable que busca responder, exponiéndose. Escuchar es una forma de cuidado, de reconocimiento, de hospitalidad por la que algo o alguien se instala en uno mismo y, normalmente, nos desinstala. De ahí que la escucha sea una forma de éxodo cordial, de salida de sí, pasivamente activa, que comienza con el ejercicio del silencio, como preparación para quien está por venir y ser acogido, y termina en el don de la respuesta. Por eso, una comunidad que no escucha es una comunidad incapacitada para iniciar, porque no prepara un espacio, no se siente interpelada, movilizada, no se expone, no ofrece nada. Los destinatarios de esta escucha, según lo manifestado en los diálogos, son tres, a mi entender:

— *Ad Deum*: escucha de la Palabra de Dios, consignada en las Escrituras y viva en la tradición, en la que está inserta la propia comunidad, dando testimonio del kerigma recibido que ha de conservar, custodiar, alimentar y transmitir. De la escucha emana la fe, se purifica, se fortalece y se comunica, como recordaba el Concilio en *Dei Verbum* 1: "La Palabra de Dios la escucha con devoción y la proclama con valentía el Santo Concilio, obedeciendo a aquellas palabras de Juan: «Os anunciamos la vida eterna: que estaba junto al Padre y se nos manifestó. Lo que hemos visto y oído os lo anunciamos para que también vosotros viváis en esta unión nuestra, que nos une con el Padre y con su Hijo Jesucristo» (1 Jn 1,2-3)".

— *Ad intra*: escucha de los miembros de la comunidad, tanto por su inserción viva en la tradición como por la riqueza carismática de cada bautizado. De ahí que se requiera de estructuras y tiempos que faciliten el diálogo, el discernimiento y que conserven la narrativa de la misma comunidad, para que no esté al albor de las últimas ocurrencias o de tentativas de poder de quien sea: "No será así entre vosotros: el que quiera ser grande entre vosotros, que sea vuestro servidor; y el que quiera ser primero, sea esclavo de todos. Porque el Hijo del hombre no ha venido a ser servido, sino a servir y dar su vida en rescate por la multitud" (Mc 10,43-45). Quizá, este debiera ser uno de los principios que regulen la relación presbítero-comunidad.

– *Ad extra*: escucha de quienes quieran y cuando quieran ser escuchados, independientemente de horarios, funciones, problemáticas, ideologías, apariencia, etc. Sin ofrecer más que compañía, ejerciendo esa mirada que sabe reconocer en él al Señor –según Mt 25– o a unos discípulos defraudados, aunque estén de vuelta –según Lc 24–, porque lo importante es la vida de las personas y toda ocasión es susceptible de ser una oportunidad para que el corazón se abra; este no se abrirá si no hay nadie delante que lo acoja.

❷ Proximidad y vínculos

Relacionada con esta cuestión, está una segunda condición de posibilidad para la iniciación: la proximidad como oportunidad para tejer vínculos. En este sentido, se ha hablado de las puertas de acceso que debe revisar toda comunidad. No solo si están abiertas las puertas del templo, sino las oportunidades que se buscan y se ofrecen, más allá de los horarios y acciones ordinarias que se desarrollan en los propios locales. Hablo de la inserción en la vida del barrio o del pueblo, de la presencia, aparentemente no-religiosa, que se tiene en el entorno, de la participación en iniciativas comunes y de invitación a la propias. Sabemos que el Evangelio se transmite de persona a persona, por eso los miembros de una comunidad han de ser expertos en generar vínculos, en abrir espacios de relación, huyendo de toda reclusión o gueto, porque una cosa es que la comunidad deba engendrar a sus propios hijos y otra, muy distinta, es que haga oídos sordos al envío misionero o a que considere como hijos a los provenientes de un linaje. Si esto sucediese, de nada hubiera servido el testimonio del apóstol Pablo o las deliberaciones del llamado concilio de Jerusalén (Hch 15,1-31).

Para esta condición de posibilidad, no pensemos que han de organizarse grandes cosas, basta con que cada bautizado tome conciencia de su identidad allá donde se encuentre, convirtiéndose en signo de la presencia capilar de la Iglesia en la sociedad, ya sea en el ámbito laboral o vecinal. También, un criterio fundamental, es habitar los lugares susceptibles de convocatoria. No nos referimos a cualquier espacio, lugar o motivo de reunión social, sino a aquellos que congregan por causas nobles, o a los que, por tradición cultural o sociorreligiosa –por ejemplo, religiosidad popular–, guardan un germen capaz de establecer relaciones que fecunden una vida cristiana adulta.

Con estas premisas, centrémonos en los dos elementos de la correlación comunidad-iniciación cristiana. ¿Qué comunidades para la iniciación? ¿Qué iniciación en las comunidades? El hecho de formularlo en forma interrogativa no es ingenuo, pues las preguntas, como decía Elie Wiesel, tienen más fuerza que las respuestas. De ahí que, aunque se recojan algunas respuestas, en forma de orientación u horizontes genéricos, cada comunidad deberá respondérselas –ser responsables– para vivir conforme a lo que son y están llamadas.

3 ¿QUÉ COMUNIDADES PARA LA INICIACIÓN?

Ante esta pregunta, no pensemos en el ideal inalcanzable, sino en las posibilidades que alberga nuestra misma comunidad; la que es real, concreta y cotidiana; en la que crece el trigo y la cizaña; la que es frágil o envejecida.

Es aquí donde corresponde proyectar una mirada específicamente teológica, cristológica y pneumatológica sobre nuestras comunidades. Teológica, porque Dios elige a un pueblo que no es ni modélico, ni poderoso, ni siempre fiel. Cristológica, porque el cuerpo místico de Cristo, que es la Iglesia, no difiere de su cuerpo enllagado; es decir, herido en su existencia terrena, y porque a la *kénosis* –el vaciamiento– de Dios en la encarnación le corresponde la *mestósis* –*mestós* significa en griego 'muy lleno', 'completamente', 'hasta el nivel máximo'– del cuerpo que, también, es la Iglesia, aunque sea en su realización más humilde. Por último, pneumatológica, porque el don del Espíritu Santo fue derramado en quienes estaban encerrados y antes habían abandonado, cuando no negado, a su Señor. No idealicemos, pues, las comunidades, porque el testimonio de la Escritura es unánime en su realismo; revelando, una vez más, quién es realmente el que cualifica a una comunidad: Dios mismo, y no nuestras estrategias, conocimientos, destrezas, posibilidades económicas, número de miembros, etc.

Con esto de fondo, una comunidad que tiene en su corazón la iniciación a la vida cristiana es aquella que toma conciencia de su identidad y, por eso, de su misión. La Iglesia, recordaba Pablo VI, "existe para evangelizar" (*EN* 14), y una de las expresiones de la evangelización es la iniciación. Descuidar esa tarea es desfigurar su identidad y renunciar a su maternidad.

Revitalizar esta identidad y misión pasa por superar la inmediatez de cada una de sus acciones y tomar conciencia de que, en cada una de ellas, participa del carácter sacramental de la Iglesia, y en ellas se expresa. Es decir, que cada acción es susceptible para el encuentro con Dios; no solo para los ya iniciados y fidelizados, sino también para quien eventualmente participe en ellas, sean destinatarios o tengan mero conocimiento. En este sentido, cada acción es puerta y no aduana; oportunidad y no privilegio.

El paradigma de la sacramentalidad se expresa y se realiza en la celebración eucarística. Es cierto que ella no agota toda la acción eclesial, sino que de ella mana, se nutre y culmina la misma vida de la Iglesia y todas sus acciones y, de manera análoga, de cada bautizado. Como recordó el Concilio, es "fuente y culmen de toda la vida cristiana" (*LG* 11), pues tiene la capacidad de configurar al sujeto en todos los ámbitos y a todos los niveles de su existencia, como miembro del pueblo de Dios, discípulo de Cristo y templo del Espíritu Santo.

Tomar conciencia de este carácter sacramental implica, también, superar la autosuficiencia de las propias acciones o grupos dentro de la comunidad. Pues ninguno se basta a sí mismo y ninguno agota la vida cristiana que está llamada a iniciar. Así, podríamos aspirar a que ninguna etapa del proceso de iniciación esté desvinculada de ningún ámbito, acción o grupo de la comunidad, sino que quienes se están iniciando participen, al menos durante un tiempo, de dichos ámbitos, acciones o grupos, en la medida de las posibilidades y tengan la edad que tengan.

En este aspecto, pero no solo ni esencialmente, se abre una tarea concreta del catequista o del padrino/madrina, que es acompañar la inserción en la vida comunitaria, dando a conocer, mostrando, introduciendo, ofreciendo claves de interpretación, etc., para que quien se inicia descubra el valor, el sentido y la organicidad, que la comunidad despliega de forma diversa y plural; también –¿por qué no?– para que en el mismo proceso pueda abrir puertas a los diversos ámbitos de compromiso, *intra* o *extra*, comunitario en donde se pueda insertar en un futuro, al término de su iniciación.

Quizá sea esta una forma de abrirse a una iniciación más mistagógica a la vida cristiana. Quizá sea esta una oportunidad para que todos los miembros tomen conciencia de su responsabilidad en los procesos de iniciación. Quizá sea esta una ocasión para que la comunidad exprese su autoridad, haciendo crecer –*augere*– a cada uno de sus miembros por el hecho de participar en la gestación de quienes desean incorporarse. Quizá sea este un camino para la integración del proceso catequético, litúrgico y espiritual que ha de conformar la iniciación a la vida cristiana. Quizá sea esta una ocasión para la intergeneracionalidad, no solo expresada en la celebración eucarística, sino en la vida ordinaria de la comunidad. Quizá sea esta una expresión de la espiritualidad de comunión –objeto de reflexión en la oración de ayer con el texto de *NMI* 43– que estamos llamados a encarnar y a educar. Quizá sea esta una concreción de las dimensiones de la gratuidad y la alteridad que han de ser maduradas en el proceso de iniciación. Quizá, por último, sea esta una expresión de la creatividad/generatividad de la vida cristiana, capaz de conectar la realidad, de armonizar y de vincular a la misma comunidad.

Perfiladas estas cuestiones, es cierto que parecen encaminadas a los adultos, pero, en mayor o menor medida, entiendo que han de poder realizarse también en edades tempranas (segunda infancia, adolescencia –recordemos que el *DC* 248 la marca ¡hasta los veintiún años!– y la juventud), so pena de reducir la iniciación a la vida cristiana a la recepción de los sacramentos de iniciación, o de reducir la pastoral con adolescentes y jóvenes, a prácticas devocionales puntuales, a grandes eventos o retiros de impacto. Es más, recordemos cómo *Christus vivit* (216-217) exhorta a crear espacios para ellos en las mismas comunidades que, sin estar desligados del resto –como hemos indicado hace unas líneas–, puedan desarrollar su crecimiento en la fe, en un ambiente de relaciones sanas y fraternas. Huyamos de la disyuntiva entre la iniciación a niños o a adultos. Pienso que, si ha de darse, será el tiempo quien lo decida. Mientras tanto, interroguémonos: ¿por qué iniciación a la vida cristiana en las comunidades?

4 ¿QUÉ INICIACIÓN A LA VIDA CRISTIANA EN LAS COMUNIDADES?

Como hemos venido sugiriendo, aunque deban establecerse ciertas orientaciones y propuestas específicas para la iniciación a la vida cristiana, es la misma comunidad la que, en sí misma y en cada una de sus acciones o ámbitos, asume este carácter iniciático. Dicho con otras palabras, cuando la comunidad se reúne, inicia y forma a sus miembros; cuando la comunidad anuncia, inicia y forma a sus miembros; cuando la comunidad celebra, inicia y forma a sus miembros; cuando la comunidad sirve, inicia y forma a sus miembros. Es la misma vida de la comunidad la que inicia y forma.

Con todo, aunque sea una urgencia cultivar y alimentar esta sensibilidad o mentalidad, lo cierto es que el contexto sociocultural, así como la realidad eclesial, reclaman algunos aspectos que considerar en los procesos específicos de iniciación a la vida cristiana.

Una cuestión redundante es que los procesos, hoy —y siempre, por otra parte—, no son ni rectilíneos ni uniformes[4]. Lo sabemos. Otra cuestión es que estemos dispuestos a asumirlos y que quienes en ellos se embarcan también lo tengan claro. Sin duda, esta es una cuestión pendiente que, mientras no haya una decisión consensuada, no será resuelta; al menos en los procesos de iniciación con interlocutores en

---

[4] Una cuestión que generó debate en el diálogo posterior hizo referencia a los procesos de iniciación que se dan en estructuras eclesiales no parroquiales —por ejemplo, centros de estudio— y la dificultad para la inserción en comunidades locales. A este respecto, se indicó el necesario proceso que ha de establecerse con las parroquias a las que pertenecen dichos centros; es algo previo que podría evitar cierta atomización de la iniciación cristiana al margen de la comunidad local. Por otra parte, se indicó uno de los modelos evangelizadores de Hechos de los Apóstoles (8,26-40), en el que el eunuco de Candace sigue su camino después recibir el bautismo, por parte de Felipe, y se desconoce su itinerario posterior.

edades tempranas o adolescentes. Pensemos si seríamos capaces de decirle a un niño o adolescente, ¡o a sus familias!, que han de esperar un tiempo para recibir algún sacramento de iniciación. Bien sabemos que la realización de la iniciación a la vida cristiana, en ocasiones, se parece a unas escaleras automáticas que, inconscientemente, te suben de un piso a otro. También somos conscientes, aunque miremos hacia otro lado, que esa propuesta, no solo traiciona su idea y pretensión originaria, sino que no funciona por la diversidad de procesos mencionados. ¿Quién está dispuesto a romper esta inercia?

En este sentido, se abre una consideración necesaria y, quizá, no siempre acogida en las comunidades y en los itinerarios de iniciación que proponen; y es que, si los ritmos y los procesos son diversos, esta realidad reclama una comunidad que sepa acompañar a diferentes velocidades —entiéndase la expresión—, huyendo de cierta estandarización que, si bien es casi inevitable, pude sofocar la viveza de los mismos procesos personales o finalizarlos prematuramente.

Relacionada con esta cuestión, hemos de preguntarnos si, por mucho que la iniciación a la vida cristiana esté marcada por la sombra de la escolarización, e incluso nos quejemos por ella, ¿estamos dispuestos a decirle a alguien que no venga hasta que cumpla cierta edad? Creo que no y, también, que no debemos hacerlo. Otra cosa es qué podemos hacer para paliar esta situación que, posiblemente y a todas luces, a medio plazo será una realidad por extinguir en buena parte de nuestra geografía.

Dos estrategias pueden, en cierta medida, atenuar la incidencia de esta situación. Una es el ministerio del acompañamiento y otra es la propuesta de pastoral familiar. Sobre la primera no me detengo en este momento, pues ya hemos reflexionado sobre ella en este foro en otra ocasión[5]. Sobre la segunda, creo que tenemos camino por recorrer, pues todavía no se acaba de asumir decididamente que, allí donde existe cierta inercia, en la que las familias llevan a sus hijos a catequesis, pueda y deba ofrecerse un proceso de iniciación o reiniciación para ellos. En

---

[5] *Cf.* Asociación Española de Catequetas (AECA), *El acompañamiento en catequesis*, Madrid 2019.

este sentido —y hablo desde el convencimiento aquilatado por la propia experiencia—, cuando se hace la propuesta, su acogida es inesperadamente positiva y sus resultados sorprendentemente fecundos, pues no solo se retoman o inician procesos con los adultos, o se fortalecen los de sus hijos, sino que la comunidad adquiere un perfil familiar que se permea en todas sus acciones.

Aquí es donde se insertan algunas de las consideraciones hechas en otras ponencias, y se constata el desplazamiento de itinerarios orientados exclusivamente al conocimiento de una serie de cuestiones en torno a la fe, a itinerarios que permiten experimentar la fe como un recurso de verdadera humanidad; donde la dimensión narrativa y curativa de los procesos de (re-)iniciación son capaces de sanar la biografía personal; donde la Palabra despliega toda fecundidad para suscitar y alimentar una vida teologal; donde la maduración religiosa, que suele diferir y no coincidir con la experiencia religiosa, se va lentamente realizando de forma consciente y consolidada; donde, en definitiva, el acompañamiento a personas adultas —para el que no estamos preparados— facilita la personalización de la fe y la generación de iglesias domésticas, células de la Iglesia local.

Para finalizar estas líneas, espero que el cuadro que hemos contemplado haya sido lo suficientemente estimulante, no para copiarlo burdamente, sino para renovar e inspirar inéditas relaciones entre la comunidad y la iniciación a la vida cristiana.

4
COMUNIDAD CRISTIANA URBANA, COMUNIDAD INICIÁTICA

Ángel Luis Caballero Calderón

Párroco de la parroquia
Santísima Trinidad (Madrid)

1 UNA HISTORIA, UNA EXPERIENCIA CONCRETA

En esta última semana hemos recibido tres correos electrónicos solicitando información para recibir algún sacramento de iniciación, especialmente la confirmación, por parte de personas adultas. El martes contestaba a dos de ellos que tenemos los grupos de catecumenado de iniciación de jóvenes y adultos, y que teníamos que vernos un día para que me contaran el por qué y ver la situación de su proceso de fe. El miércoles, después del grupo de catecumenado, hablaba con la catequista coordinadora y me transmitía la necesidad de crear un nuevo grupo ante la inminente incorporación de nuevos catequizandos a estas alturas del curso. Y, en consecuencia, más catequistas para el acompañamiento personalizado de los procesos de iniciación personales ante el aumento de catecúmenos y catequizandos.

El jueves por la mañana, en la reunión de arciprestazgo, transmitía esta necesidad a las otras parroquias, ya que el catecumenado es un proyecto pastoral conjunto. Por la tarde, recibía a una de las diez parejas de novios que van participar en los encuentros de preparación para el matrimonio de este trimestre, y el novio me comentaba que se había bautizado hace un año. La decisión de hacerlo había sido gracias al testimonio de fe de su novia. La vivencia de la fe es ahora una parte de su vida importante que comparten.

Estas son solo algunas situaciones cotidianas de una semana del curso pastoral de la parroquia de la Santísima Trinidad de Madrid, una comunidad que realiza su misión en los barrios de La Concepción y San Pascual desde los orígenes de estos en los años cincuenta del siglo pasado. A lo largo de las décadas de historia de misión que lleva nuestra parroquia, se han sucedido múltiples proyectos y servicios pastorales, culturales y sociales de gran relevancia, que han hecho de ella una comunidad cristiana viva, que le ha llevado a compartir la vida del barrio y a estar comprometida con él.

Nuestras ciudades experimentan un continuo crecimiento de su población con momentos más intensos en los que se produce un auténtico aluvión. Sin pararnos a analizar sus causas, esa fue la situación de Madrid en la que nacieron nuestros barrios. Miles de personas, jóvenes y familias, que migraron del pueblo a la ciudad en los años cincuenta y sesenta del siglo pasado, buscando un futuro mejor o, simplemente, un futuro. Trajeron sus costumbres, sus tradiciones y, también, la fe. La Iglesia de Madrid respondió con previsión y amplia visión de futuro, y se crearon nuevas parroquias en todos los nuevos barrios de edificios y asfalto que nacían donde antes había campo y huertas. Ese es el caso de la nuestra.

Desde su erección y comienzo de una comunidad cristiana, nuestra parroquia ha sufrido un proceso continuo de desarrollo y transformación, especialmente en los años ochenta y actualmente, fruto de las líneas teológicas y pastorales del Concilio Vaticano II: la constante observación de los signos de los tiempos, el cuidado de la catequesis, de la formación, la creación de pequeños grupos y comunidades de adultos, cuidando las relaciones de fraternidad, de pertenencia y la constante actitud de estar en misión en medio del barrio. Todo esto ha sido promovido por sus pastores y la corresponsabilidad de los agentes de pastoral y de todos aquellos que, en algún momento, han formado parte de esta parroquia.

Esto ha generado una comunidad parroquial, definida como comunidad de comunidades. Una comunidad real, rica en dones y oportunidades; pero no exenta de límites y debilidades. En esta realidad comunitaria, donde se hace una experiencia concreta de la misericordia de Dios, también se hace posible el ejercicio de la acogida y del perdón mutuos. La comunidad que experimenta la fuerza de la fe y sabe vivir y testimoniar el amor anuncia y educa de una manera del todo natural. Por tanto, el lugar por excelencia para la iniciación cristiana de los catecúmenos y catequizandos.

2 COMUNIDAD PARROQUIAL, COMUNIDAD CRISTIANA

La parroquia es una familia de familias, donde se armonizan los aportes de las pequeñas comunidades, los movimientos, los grupos y el resto de los feligreses (*cf. EG* 29). Para lograr esta unión, es preciso vivir una "espiritualidad de la comunión". "El ideal cristiano siempre invitará a superar la sospecha, la desconfianza permanente, el temor a ser invadidos, las actitudes defensivas que nos impone el mundo actual" (*EG* 88).

Espiritualidad de la comunión significa primeramente una mirada del corazón ante todo hacia el misterio de la Trinidad que habita en nosotros, y cuya luz ha de ser reconocida también en el rostro de los hermanos que están a nuestro lado. Decía san Pablo: "Esmerémonos en lo que favorece la paz y construye la vida común" (Rom 14,19).

Espiritualidad de la comunión significa capacidad de sentir al hermano de fe en la unidad profunda del cuerpo místico y, por tanto, como "uno que me pertenece", para saber compartir sus alegrías y sus sufrimientos, para intuir sus deseos y atender a sus necesidades, para ofrecerle una verdadera y profunda amistad. Espiritualidad de la comunión es también la capacidad de ver, ante todo, lo que hay de positivo en el otro, para acogerlo y valorarlo como regalo de Dios: un don para mí, además de ser un don para el hermano que lo ha recibido directamente[1].

En nuestra sociedad actual existe una tensión entre el individualismo y la solidaridad social. En la Iglesia sucede lo mismo: ¿vivir una fe replegada en la intimidad personal o alimentarla y exteriorizarla en la vida de la comunidad cristiana? También, ¿refugiarse en una pequeña comunidad "cerrada" por prejuicios ideológicos o desórdenes afectivos, o comprometerse desde la vivencia de una pequeña comunidad abierta, acogedora, humilde, fiel y consciente de ser parte de algo más grande: comunidad parroquial, arciprestazgo, diócesis, Iglesia?

No nos damos cuenta, en muchas ocasiones, de que vivir auténticamente el Evangelio de Jesucristo significa abrirse a los demás, en el encuentro y la comunicación con el otro. Construir la comunión desde la

---

[1] San Juan Pablo II, *Novo Millenio Ineunte* 43.

diversidad de quienes formamos el pueblo de Dios es una exigencia de nuestra misión en el mundo[2].

Además, en la perspectiva comunitaria de la vida cristiana descubrimos cómo se complementa la misión de cada uno de sus miembros y articulamos el ejercicio de la corresponsabilidad común. Cada uno ejerce su responsabilidad, junto con otros, no al margen o como "francotiradores solitarios". Y todos con una misma misión en un mismo contexto.

Nos damos cuenta en nuestra comunidad parroquial de la Santísima Trinidad de que, en los tiempos que corren en medio de la crisis, evangelizar unidos, guiados por la fe, nos permite traducir el amor de Dios en nuestra cultura globalizada, no construyendo torres o muros entre nosotros, que dividen y nos debilitan nuestra acción, pero después caen; sino continuar tejiendo comunidad hoy, apoyando procesos de crecimiento verdaderamente cristianos y fraternos.

Algo es cierto, la unidad no es principalmente el resultado de nuestra acción, sino que es don del Espíritu Santo. Sin embargo, esta no vendrá como un milagro al final: la unidad viene en el camino, la construye el Espíritu Santo en el camino.

3 COMUNIDAD DE COMUNIDADES

❶ Pequeños grupos comunitarios como punta de lanza

Uno de los aspectos que más me llamó la atención cuando llegué a la parroquia, hace más de siete años, fueron los grupos y comunidades de adultos. Desde la comunidad de "Caná", formada por unos catorce miembros, que llevan más de cuarenta años juntos formándose, orando, compartiendo la fe y los bienes, hasta la comunidad de "En camino", formada por quince miembros, que decidieron dar el paso de convertirse de grupo en comunidad a los pocos meses de mi incorporación.

---

[2] Parroquia Santísima Trinidad de Madrid, *Plan pastoral parroquial 2022/23.*

Otros grupos de jóvenes y adultos están avanzando en su proceso de vida cristiana hasta que llegue su momento de dar el paso.

Estas son la base sólida de referencia y testimonio comunitario cristiano que motiva e impulsa la vida parroquial. Son el momento más avanzado del proceso de evangelización y de vida de la Iglesia en la comunidad parroquial. Esto no quiere decir que sean los únicos, ni los más importantes. Sino la prueba y el testimonio vivo de que el camino del proceso de fe de los cristianos que comienza con su iniciación cristiana continúa toda la vida y en la Iglesia, acompañado por la comunidad cristiana, y, a su vez, como miembros de esta, se convierten en acompañantes.

Así sucede en nuestra parroquia: los niños, adolescentes y jóvenes que están en los grupos de iniciación cristiana y pastoral de jóvenes tienen de catequistas y acompañantes a miembros de las comunidades de adultos y otros grupos de vida de la parroquia. Igualmente sucede con los catequistas de iniciación de adultos. En este caso, también hay catequistas de otras parroquias, al ser un proyecto conjunto del arciprestazgo. Pero siempre un miembro de una comunidad cristiana que participa y camina en la vida de esta.

Las grandes intuiciones teológicas del Concilio Vaticano II han penetrado en las estructuras pastorales construyendo una comunidad cristiana viva. Aunque al principio no estuvo exenta de excentricidades pastorales y desequilibrios, el proceso de la vida de nuestra parroquia Santísima Trinidad de Madrid ha desembocado en una etapa equilibrada, de estabilidad y de madurez creativa, que poco a poco va marcando un permanente carácter misionero.

Las personas de nuestra sociedad urbana actual son tan plurales y diversas en necesidades, en planteamientos de vida, en situaciones, en cuestionamientos existenciales, en movilidad y en ámbitos y, también, en las "salpicaduras" de catequesis o educación en la fe que han recibido. En España, la gran mayoría de los cristinos católicos han recibido una catequesis meramente sacramental, o de mínimos, interrumpiendo la catequesis de iniciación al recibir la primera comunión. Además, están los que estudian en centros o instituciones educativas que no son de ideario católico, cada año se apuntan menos a la clase de Religión, con lo que la ignorancia de lo religioso crece incesantemente.

❷ Una pastoral de procesos

Por ello, desde hace algunos años, o en otros casos como el nuestro desde hace décadas, en muchas de nuestras comunidades parroquiales hemos optado por responder a estos retos y necesidades de la evangelización con un proyecto pastoral basado en un modelo de pastoral catequética que poco a poco está dando resultados (*cf. EG* 25). Es la *pastoral de procesos.* Este modelo lleva a cabo una pastoral que tiene en cuenta los diversos procesos que acontecen en las distintas dimensiones de la realidad, de los agentes que evangelizan y de aquellos a los que van a evangelizar. También tiene en cuenta los momentos de los distintos procesos y la organización armónica de las respuestas que, relacionadas con el fin principal y último, desarrollen en cada niño, adolescente, joven y adulto su propio proceso personal para llegar a una integración fe-vida.

Entre las ventajas que hemos experimentado con esta pastoral de procesos, frente a una pastoral meramente sacramental o de "mínimos", es que este modelo intenta responder a todas las situaciones de vida de los catecúmenos y catequizandos, ya que se puede adaptar a las necesidades concretas que van surgiendo en el encuentro con las personas. Al no plantear un único itinerario, sino múltiples, según los momentos comunes de los procesos de las personas, según el número que tengamos, todos son acogidos en la Iglesia con una propuesta concreta y personalizada de crecimiento en la fe. En la pastoral sacramental solo se responde a un momento del proceso personal de fe: cuando se ha solicitado un sacramento (eucaristía, confirmación o incluso el bautismo). Por tanto, solo se propone una preparación específica para la recepción del sacramento solicitado, planteándose habitualmente unos tiempos cerrados e insuficientes, y unos grupos formados con el único fin de la recepción inminente de dicho sacramento.

Otra ventaja es que una pastoral de procesos, al ser global, es un modelo apto para acciones de misión, de primer anuncio de Jesucristo, para la catequesis de iniciación y para el desarrollo de una etapa pastoral que integre a la persona de manera corresponsable en la vida de la comunidad y de la Iglesia. En cambio, una pastoral meramente sacramental se dedica solo a desarrollar la etapa catecumenal del proceso de fe. Si nos quedamos en la pastoral meramente sacramental, encerramos nuestras comunidades en "casa", no se "sale a la calle", nuestros esfuerzos y acciones resultan estériles, no llegamos a los jóvenes, a las familias, a los alejados, y nuestras comunidades se empobrecen y desaparecen. Por otra parte, no terminamos de integrar a los catequizandos en la vida de nuestras comunidades, en su misión y tareas cotidianas. Es una de las realidades más tristes que constatamos en la mayoría de las parroquias y asociaciones.

Asimismo, una pastoral de procesos acompaña el crecimiento gradual en la fe de principio a fin. Contempla todos los momentos del proceso de fe de la persona, sin excluir ni restringirse a ninguno en concreto. Una pastoral meramente sacramental solo acompaña un momento del proceso, excluyendo u obviando otros momentos.

Por último, hay que mencionar otra ventaja que experimentamos. Esta pastoral de procesos implica en sus acciones a más miembros de la comunidad que una pastoral meramente sacramental, ya que, al responder a todas las etapas del proceso de evangelización y tener que personalizar la respuesta a los procesos de grupos y personas, desarrolla muchas más acciones, posibilita múltiples iniciativas y utiliza más medios, necesitando más agentes de pastoral y la implicación de más grupos de la comunidad. Esto facilita la corresponsabilidad de toda la comunidad en la pastoral parroquial al haber más posibilidades de colaborar. Mientras que, en la pastoral meramente sacramental que conocemos, solo intervienen los catequistas, y en muchas realidades ni estos, al realizar el ministerio los propios sacerdotes o religiosos. Con lo cual, la comunidad está menos o nada implicada, y menos o nada sensibilizada con la necesidad de evangelizar, de "salir" a buscar y acoger a los alejados y no creyentes.

4 SABER LO QUE SE QUIERE Y CÓMO TRABAJAR JUNTOS: CRITERIOS FUNDAMENTALES

Una de las necesidades de toda acción pastoral es que responda a un proyecto que tenga en cuenta toda la globalidad de esa acción. También una pastoral catequética. Pero son necesarios también, y en primer lugar, los criterios fundamentales, los puntos de referencia básicos y las líneas transversales que deben estar en la base de esa acción pastoral y que deben guiar la elaboración del proyecto y su mismo desarrollo. En nuestro caso particular, tenemos un proyecto como comunidad parroquial que parte de unos criterios fundamentales.

❶ La primacía de la evangelización

El primero, ser *una pastoral evangelizadora*, es decir, eso que constituye la gracia y la vocación propia de la Iglesia (*cf. EN* 14). La pastoral se inscribe en el horizonte de la evangelización, no como un aspecto particular de la pastoral, sino como su cauce más profundo; no siendo solo una meta, sino también el mismo camino con distintas fases: la acción misionera, la convocatoria, el anuncio, la adhesión personal, la entrada en la comunidad, la vida sacramental, el compromiso y el testimonio. Y todo esto con un objetivo último: la integración de la fe y de la vida de las personas.

Este objetivo último, integrar la fe y la vida, de modo que la fe sea descubierta como sentido y afirmación de la vida, conlleva dentro del proceso evangelizador unas dimensiones concretas: una maduración y crecimiento de la propia vida, un encuentro con Jesucristo como Señor y Salvador de la vida, el logro de una auténtica espiritualidad, una inserción y participación progresivas en la comunidad eclesial y el discernimiento vocacional como camino de concreción de su participación en la tarea conjunta del reino.

❷ Una pastoral con acento misionero

El segundo es *una pastoral misionera*. Cada vez más nuestros barrios se presentan poco evangelizados. Conviven cristianos con una gran masa de población que ha abandonado o no ha tenido referencias a las motivaciones o prácticas religiosas; personas socialmente integradas con marginados y desarraigados; vecinos con una cierta cercanía a la fe y/o a la Iglesia, con vecinos alejados, reacios o contrarios a ella. Todo esto constituye el campo de la pastoral que, para ser verdaderamente misionera, tiene que superar las convocatorias y los campos de acción reducidos a los ambientes intraeclesiales −dentro de la parroquia– y dirigidos a los ya cercanos, para abrirse a todos los ambientes y dirigirse a todos.

Hay que analizar y proyectar desde la periferia. Hoy muchos viven en las periferias existenciales del sinsentido, alejados de la fe. El papa Francisco dice que "la realidad se entiende mejor no desde el centro, sino desde las periferias". En la exhortación apostólica *Evangelii gaudium* leemos que "la Iglesia en salida es la comunidad de discípulos misioneros que primerean, que se involucran, que acompañan, que fructifican y festejan" (*EG* 24).

❸ Una pastoral que dé relevancia al grupo

Como tercer criterio, es *una pastoral que da relevancia al grupo.* El grupo no es un simple recurso al que se acude. Es bastante más. El grupo es un elemento básico en cuanto que: es un medio en el que todos encuentran un espacio personalizador, de igualdad, de comunicación, de maduración; es el encuentro con un germen de la Iglesia, en cuanto se construye desde la referencia que ofrece la comunidad eclesial; y es ya una manera de ser Iglesia. Grupo que, según su finalidad y proceso, madura en sus miembros y llegará a ser una pequeña comunidad integrada en la gran comunidad parroquial.

❹ Una pastoral de procesos

El cuarto es, como ya hemos argumentado, *una pastoral de procesos, organizada y armónica,* cuyo objetivo último es la integración fe-vida de las personas. Esta pastoral debe responder a un proyecto, no a simples acciones inconexas. Un proyecto que, teniendo una vinculación armónica con las etapas educativo-pastorales precedentes y con los compromisos que entrañará una fe adulta, debe desarrollarse siguiendo una sucesión ordenada de etapas o momentos educativos relacionados, directamente, con el objetivo principal y último, y *concretado en cada una de las áreas pastorales* en las que evangelizamos. Un proyecto que trata necesariamente de responder con diversos itinerarios, según los procesos personales. Y un proyecto de comunión que se va actualizando para servir al necesario trabajo coordinado y articulado en planes conjuntos de pastoral en los distintos niveles de parroquia, arciprestazgo, vicaría y diócesis.

❺ Una pastoral que cuida la formación

Cuida la formación es el quinto criterio de la pastoral. Si es una pastoral de presencia, corresponsable y sinodal, se necesitan cristianos preparados al servicio de esta pastoral. Personas que se dedican a su propia preparación humana, cristiana y pedagógica, que participan en las diferentes escuelas de formación, como en los diferentes medios que la parroquia propone y que es la ocasión para despertar la vocación de servir a esta pastoral. Miembros de la comunidad que, más allá de esta necesaria formación, son testigos que irradian y testimonian su experiencia y vivencia de la fe, su encuentro y seguimiento de Cristo, su pertenencia a la Iglesia, que atraen desde lo que son y lo que viven.

❻ Acompañamiento espiritual-personal

La pastoral debe *atender especialmente al acompañamiento espiritual personal,* este es el sexto. No podemos dedicarnos solo al grupo, que es un medio. Si queremos de verdad atender a la persona concreta, en su situación concreta, hay que prestar una especial atención al acompañamiento personal, haciendo, en la mayor medida posible, procesos individualizados para conseguir la integración entre la fe y la vida. Un acompañamiento personalizado, integrador, progresivo y gradual. Con una necesaria orientación vocacional —al matrimonio, al sacerdocio, a la vida religiosa, a la vida consagrada, en general— que variará según las edades y las etapas de la vida; pero que es una dimensión —la vida como vocación— que debe estar presente siempre, a lo largo de todas las etapas del proceso.

❼ La importancia de la comunidad de referencia

Y el último criterio fundamental, y no menos importante como he destacado antes, es *una pastoral que da importancia a la comunidad de referencia.* Es desde ella que se realiza la misión pastoral, y de su existencia o no depende, en una gran medida, el éxito o el fracaso de toda labor pastoral y su continuidad. En comunidad, la fe se vive como proyecto de vida personal y comunitaria y, desde ella, se propone como experiencia de nueva vida abierta a la fraternidad y a la solidaridad. Es preciso que los interlocutores de la evangelización descubran que hay un proyecto vivo, un proyecto comunitario y una llamada a la inserción en ese grupo comunitario, en sus acciones, en su vida, en su misión. Se han de sentir llamados a la vivencia y al compromiso dentro de la comunidad eclesial. Una comunidad viva que los invita a insertarse en ella y a desarrollar allí su vida cristiana con todas sus potencialidades.

5 EL PROYECTO DE EVANGELIZACIÓN PARROQUIAL

Nuestro proyecto de evangelización parroquial contempla hoy las siguientes áreas pastorales: la catequesis, la celebración de la fe, la formación, la oración-espiritualidad, los grupos de vida y comunidades de adultos, los jóvenes, la familia, la salud, la caridad, la misión-migración, la comunicación, la acogida-servicios parroquiales y los organismos de participación. Este proyecto, en la práctica, se desarrolla y articula en el día a día, interviniendo de forma organizada y articulada estas áreas. Pongamos unos ejemplos.

Las parejas que quieren casarse (comunicación) son recibidas por el equipo de acogida en el horario del despacho parroquial (acogida-servicios parroquiales) y les ayudan con los trámites y la inscripción en el curso prematrimonial. Después, se entrevistan con uno de los sacerdotes para comenzar el acompañamiento mientras, en esos momentos, interviene el equipo de matrimonios del cursillo (pastoral familiar) para llevarlo a cabo. Después de recibir el sacramento del matrimonio, se les propone un grupo de matrimonios con otras parejas en la misma etapa para seguir profundizando en su vocación matrimonial y para aprender a compartir la vida.

Las familias que quieren bautizar a sus hijos (comunicación) son recibidos por el equipo de acogida en el horario del despacho parroquial (acogida-servicios parroquiales) y se los ayuda con los trámites y la orientación. Después, se entrevistan con uno de los sacerdotes para comenzar el acompañamiento, que, con el equipo de prebautismales (pastoral familiar), se completa la preparación. Tanto con estos como con los novios, durante el acompañamiento, se les propone, según lo que procede, bien la reiniciación cristiana (catequesis), bien al despertar religioso de los hijos, bien el proceso de iniciación de los niños.

Los niños comienzan la catequesis de iniciación cristiana en la parroquia (comunicación) a los siete años, formando nuevos grupos de primero de Iniciación Cristiana de Niños (en adelanta, ICN), y se desarrollará en el itinerario normal durante once años: tres de ICN, cuatro de ICN Junior Satri y cuatro de Teen Satri (catequesis), según los procesos. Al terminar la iniciación, habiendo recibido durante el itinerario los sacramentos de la penitencia y reconciliación, la eucaristía y la confirmación, continúan en un grupo de jóvenes (pastoral de jóvenes) por el "Camino de Emaús", el "Camino de Siloé" y el "Camino de Betsaida", para desembocar en una comunidad de jóvenes-adultos (pastoral de adultos/comunidades).

La catequesis está organizada en proyectos de pastoral catequética por etapas y equipos de catequistas por momentos determinados. Estos van desarrollando una serie de actividades que ayudan en el acompañamiento de los procesos de iniciación: salidas, talleres, festivales, encuentros, convivencias, campamento de verano para ICN e ICN Junior y campo de voluntariado para los grupos de Teen. Estas son posibles porque también se involucra a las familias en su organización y realización. También con ellas, en cada momento del itinerario, realizamos encuentros de formación, de inserción en la comunidad parroquial y de compartir su fe.

Asimismo, contamos con un equipo de catequistas que acompañan a los niños, los adolescentes, los jóvenes y los adultos que se incorporan a la iniciación cristiana en otras edades o reinician su proceso cristiano (catequesis). Todos ellos participan a la vez en los grupos que les corresponde por la edad o el momento vital para ir poco a poco insertándose en la comunidad parroquial. Los jóvenes y adultos que no tengan grupo de vida al terminar la iniciación se les propone formarlo (pastoral de jóvenes y pastoral de adultos/comunidades). En estos grupos, las personas pueden seguir creciendo y compartiendo su vida cristiana como miembros de la Iglesia. Estos grupos se reúnen cada uno en su día y hora, según las posibilidades de sus miembros.

Nuestra parroquia es una comunidad acogedora que ayuda a la educación de la fe. A través de los grupos y servicios pastorales que tenemos (comunicación), procuramos ofrecer la respuesta de Jesucristo a las necesidades vividas por la persona o grupos de personas con las cuales llevamos itinerarios de profundización, asimilación y vivencia de la fe cristiana. Somos una comunidad de comunidades que crea a su alrededor todo un tejido de grupos pequeños o de talla humana, comunidades, adecuadamente interrelacionados entre sí y con ella misma, donde se puede compartir, profundizar y vivir todas las dimensiones de la fe cristiana, donde cualquier persona puede encontrarse con los demás.

En este tiempo de existencia de la parroquia también han surgido, y concluida su misión por ya no ser necesarios, grupos con atención y cuidado a las diversas situaciones de fragilidad existencial en el barrio (junto con la pastoral caritativa) para acompañar, discernir e integrar: centro de día de mayores, grupo de madres de drogadictos, grupo de paro, grupo de alcohólicos, grupo de sexólicos anónimos, grupo de viudos, etc.

Todo este proyecto parroquial es posible por la entrega y servicio pastoral corresponsable del equipo sacerdotal, los ochenta y tres agentes de pastoral, los planes pastorales que año tras año nos ayudan a avanzar unidos en la misión y los consejos, como el de pastoral o el de asuntos económicos (organismos de participación), que coordinan, impulsan, diversifican los ministerios y carismas, y administran los recursos económicos y materiales.

En la experiencia de estos últimos cuarenta años trabajando con este modelo de pastoral, a medida que hemos ido pasando por diferentes etapas del proceso parroquial, nos hemos ido dando cuenta de que es cierto que implantar un proyecto de evangelización con este modelo de pastoral es un proceso lento, complejo, que requiere confianza en la providencia, paciencia, valentía y cada vez más personas implicadas. No hay resultados inmediatos y exitosos en número que respondan a una eficacia humana. Es un sembrar e invertir constantemente a fondo perdido, con una entrega que solo se puede entender desde la fe y la vocación al servicio. Es el estilo de la parábola del sembrador, del encuentro con la samaritana y el joven rico, del camino de Emaús. Y funciona.

No nos olvidemos de que el Espíritu Santo es el artífice de toda pastoral. Es cuestión de un cambio de mentalidad: tenemos que pasar de ir a los "mínimos", preocupándonos solo de lo meramente organizativo o teórico, a estar abiertos y ser instrumentos a través de una pastoral organizada y comunitaria, de lo que el Señor va haciendo en los niños, adolescentes, jóvenes y adultos, y nos va suscitando para que acompañemos su proceso personal. Lo que experimentamos es que cada vez se llega a más personas y estas crecen, edifican su vida sobre la roca de la fe y responden a Jesús de una manera sólida, comprometida y cada vez más madura.

5

COMUNIDAD CRISTIANA, COMUNIDAD INICIÁTICA. EXPERIENCIA PASTORAL Y CATEQUÉTICA EN EL MUNDO RURAL

RODOLFO PÉREZ
Miembro de la AECA

> Nuestro modo de pensar
> se halla totalmente condicionado
> por nuestra experiencia existencial.
> Paulo Freire

1 CONTEXTO

Experiencia existencial. A medida que voy siendo mayor, advierto que me acompañan en este camino de la vida dos testigos de siempre: las manías que suben de intensidad y la experiencia que enriquece y fortalece al ser humano en la etapa de suma debilidad. Por eso me atrevo a decir que, además de muchos años a la espalda, me vivo enriquecido por la experiencia, primer rasgo personal que forma parte del actual ámbito contextual para este trabajo. Estoy contento con las abundantes experiencias tenidas, cuando de vida comunitaria se trata.

En un mundo de tantas apariencias. Nuestro mundo está lleno de luces, de imágenes, de palabras, de propuestas, etc.; muchas sumamente atrayentes para una sociedad consumista. Todo se mezcla, la realidad idílica, onírica y virtual, junto con la realidad real, dramática que proporciona la complicada convivencia entre las personas y los acontecimientos históricos. Y todo esto también constituye el contexto de nuestra realidad azarosa que muchas veces resulta incapacitante para un diálogo sincero y unas relaciones verdaderas personales. Menos mal que al costado mismo de esta conflictiva realidad, sin apenas relumbrón, sin proclamas de diarios ni de noticieros televisivos, se ofrecen tantas y tantas escenas y acciones concretas de bien silencioso y oculto, que intenta sobreponerse al mal dominante.

Oportuna y necesaria sinodalidad. En esta circunstancia, también viene formando parte de nuestro contexto el *proceso sinodal* en el que muchos bautizados y creyentes estamos embarcados, porque sentimos vivamente la necesidad de que esta, nuestra Iglesia, de la que formamos parte activa y esperanzada, se actualice y se renueve.

Volviendo sobre aquellos primeros objetivos. Y si, en una mirada retrospectiva, nos trasladamos hacia los inicios de los ochenta del pasado siglo, comenzamos a vislumbrar los orígenes de la AECA, en los que ya se hablaba de su finalidad en estos términos: "Agrupar y coordinar a las personas que operan en el campo de la reflexión y experimentación catequética; favorecer la ayuda mutua en la docencia e investigación entre los miembros de la asociación, asumiendo, dando a conocer y promoviendo estudios, experiencias y proyectos en el campo catequético para un enriquecimiento mutuo y una orientación común, y colaborar, desde su campo específico, en la acción catequética de la Iglesia"[1]. También este sencillo y naciente acontecer hoy forma parte de este contexto a través de los objetivos que se han ido materializando a lo largo de estos decenios.

2 REFLEXIÓN CATEQUÉTICA

Será suficiente con darle un repaso a la historia de la AECA a través de sus numerosas Jornadas, y que nos detengamos por momentos en el aspecto de la investigación y teoría catequética. Nos encontraremos con documentos eclesiales como *Evangelii nuntiandi*, *Catechesi tradendae*, los tres *Directorios*, los congresos internacionales de 2013, 2018 y 2022, y con muchos y buenos trabajos llevados a cabo por miembros de la asociación, al lado de estudiosos internacionales. Sin duda, a lo largo de

---

[1] *Cf.* AECA, *Estatutos de la Asociación Española de Catequesis* (24/28-IV-1998), artículo 5.

estos años, de un modo u otro, se ha llevado adelante lo que dicen los Estatutos, y en un trabajo –hoy diríamos en sinodalidad–, se ha reflexionado y promovido una actividad pastoral en favor de la catequesis y abriendo caminos de evangelización.

A través de tan esplendidos trabajos se puede perfectamente tomar el pulso y el ritmo de la asociación: Jornadas anuales, *Cuadernos AECA*, *Boletín* de la AECA, revista *Sinite*, etc. Fecunda trayectoria durante más de cuarenta años en la historia de la AECA, profundizando documentos eclesiales y al mismo tiempo investigando catequéticamente en sintonía con los equipos directivos de la asociación por donde fueron pasando avezados catequetas. Es para quedar tranquilos, pues en todo esto se palpa vida y mucha investigación.

3 EXPERIMENTACIÓN Y EXPERIENCIA

❶ Experimentación

En las Jornadas que hemos tenido se ha planteado de qué modo se podría reactivar la relación comunidad cristiana e iniciación. Esta temática y la reflexión que desencadenó pronto hallo eco en mis primeros años de vida comunitaria en Adsis, *comunidad cristiana "intentativa"*. Sí, continuados y tozudos intentos en poner en marcha la comunidad cristiana ante el mundo de los jóvenes; y que, en este último quinquenio, se encuentra en un proceso de discernimiento y de búsqueda de nuevas formas de comunidad.

¡Cuánto tanteo! Tiempo de silencio y desierto, de esfuerzo, diálogo, discernimiento y noches en vigilia, hasta entender todos los hermanos lo mismo por *vida comunitaria*, con *"propio talante"*. Cuánto intento, hasta poner juntos manos a la obra en hacer de nuestras comunidades unas pequeñas comunidades evangélicas, fraternas, mixtas y comprometidas con la causa del reino entre jóvenes y pobres, en un contexto eclesial no poco favorable.

Los primeros pasos hacia pequeñas comunidades cristianas fueron de tanteo, de esforzado y humilde aprendizaje, tratando de vislumbrar por dónde encaminarnos, sin desalentarnos, llevando con frecuencia a la oración personal y comunitaria el concepto ideal de comunidad que marca el libro de los Hechos. La profunda y sostenida vida interior de los hermanos nos lanzó a una vida comprometida y fecunda en vocaciones.

También se ha hablado en las Jornadas de *diferentes velocidades y modelos de inspiración catecumenal*. Comunidades con procesos catecumenales, comprometidas hasta las orejas, y comunidades plurales, algunas con itinerarios también más tradicionales o con mayor base de religiosidad popular.

Después de tantos intentos y logros, bien puedo aceptar y afirmar con Ramón de Campoamor que *la experiencia es un sabio, hecho a trompicones*, sobre todo si traemos a la memoria dificultades y desgarros, retrocesos y vuelta una vez más a empezar, siempre con ánimo emprendedor.

❷ Pero, sobre todo, experiencia

Dijo en una ocasión Toni de Mello: "Cuando se experimenta sobre lo divino, se reducen considerablemente las ganas de teorizar". Cuán cierto es. ¿Puede haber algo más humano y divino a la vez que la *experiencia* catequética de Jesús de Nazaret, haciendo de sus discípulos una pequeña comunidad fraterna, misionera y evangelizadora, con prácticas incluidas?

Si tomáramos aquí como punto de partida esta experiencia comunitaria: la de Jesús con sus discípulos; sin duda, sería tomar el tema de la comunidad un poco lejos, pero es en ella donde está el origen, el fundamento y el estímulo de toda la diversidad de modelos comunitarios y también catequéticos que se han dado a lo largo de la historia de la Iglesia, hasta el punto de ser referencia de las comunidades testimoniales y creativas de nuestros días.

Volviendo a dar un repaso al tema que nos viene ocupando a lo largo de las Jornadas que hemos celebrado en torno a la comunidad y a la iniciación, nos hemos encontrado con ponencias, otras actividades puntuales, diálogos entre nosotros, los socios de la AECA, la visita a la parroquia de la Santísima Trinidad, etc.; ahí están las valiosísimas experiencias y abundantes aportaciones en las que también ahora he podido recrearme y llenarme de tantos elementos valiosos.

4 EXPERIENCIA PERSONAL DE COMUNIDAD

En las reflexiones que hemos tenido, hemos recordado que el dinamismo de una vida comunitaria, catequéticamente hablando, cuenta con tres momentos que fundamentan un proceso hacia la comunidad, *anuncio*, *conversión* y *profesión de fe*. Yo los he ido experimentando, de alguna forma, en los ámbitos por los que fui pasando.

Recuerdo. Habiendo regresado a principios de 2013, y una vez integrado e incardinado a la diócesis salmantina, van ya para pasados cinco años haciendo *comunidad en pueblos* de la España vacía del campo charro. Allí, realizo mi labor pastoral con el valioso apoyo de un diácono permanente, preparado y experimentado en catequesis familiar personalizada. Nuestra labor no ofrece resultados comunitarios llamativos, pero sí muchos y pequeños signos de que van dando forma, muy lentamente, a pequeñas comunidades de personas que están contentas de participar en ellas.

Y mientras tanto, me encuentro, también, viviendo durante estos tres últimos años y medio en la residencia sacerdotal del antiguo seminario de Calatrava, tratando de construir *una nueva forma de vida comunitaria*. Una de las personas que constituyen el consejo de la residencia —laico para más señas—, me dijo: "Tú puedes, con tu experiencia de vida en comunidad, ir haciendo de los residentes una comunidad cristiana". Y ahí me encuentro, aceptando y llevando a cabo diariamente el cometido recibido. Convencido de que "muchos pocos hacen un mucho", pero continuados, dinámicos, con paso lento y firme en ese ir creando trama comunitaria cada día.

Toda comunidad siempre es pequeña, inacabada, pero, si es verdadera comunidad, es generadora del reino. Y si se refiere a iniciar en la fe, la catequesis nunca es perfecta, ya que siempre estamos en camino hacia esa comunidad perfecta y definitiva, que no la encontraremos aquí, tan solo un poco "más allá"; allí donde la catequesis terminará porque podremos ver y disfrutar todo lo que anhelamos.

Así pues, mi proceder pastoral y catequético, en ese *intento* continuado durante las últimas décadas por hacer comunidad —y lo manifiesto con humildad—, ha sido insistentemente propositivo con dinamismo iniciador, que se fue concretando en el anuncio, en promover la conversión y acompañar la profesión de fe.

❶ El anuncio

No sabría decir si primero o décimo, pero anuncio, preparándolo y pro-clamándolo pacientemente, pues Dios tiene su tiempo para cada uno. Echando tiempo y tiempo. Muchas veces estando simplemente con la gente, acortando distancia entre el catequizando y el catequista, ha-ciendo amistad —Jesús echó horas y horas con sus discípulos hasta lla-marlos "amigos" (*cf*. Jn 15,15)—, pasando largos ratos en el parque o en el banco de enfrente de la parroquia con jóvenes y adultos. Y solo después, interpelar de alguna forma, hablar sobre su vida de fe, pronunciar de un modo personal el nombre de Jesús o invitar a un rato de oración o cele-bración de la eucarística.

Tarea continuada, con breves, pero insistentes catequesis, previas al sacramento de la reconciliación, fiel a una preparación previa de cada acontecimiento pastoral y sacramental. Sintiéndome alentado frecuen-temente por los susurros del Espíritu. Solo bajo su impulso se anuncia con convicción, sobre todo hacia aquellos que aún no han oído hablar de Jesús y de la misericordia del Padre.

❷ La conversión

De acuerdo con el testimonio de los grandes conversos, vengo insis-tiendo a las personas, en el contexto de la pastoral rural, esa afirmación que le he escuchado a Fernando Prado —claretiano de Bilbao y actual obispo de San Sebastián—: "El pasado no se puede cambiar, el perdón no cambia el pasado, pero puede cambiar el futuro".

Pues bien, apoyado en esta convicción, surge espontánea y necesaria-mente en mi proceder pastoral y catequético la llamada a acometer una imprescindible, profunda y personalizada conversión, para llegar a ser mejor creyente y alcanzar la madurez cristiana. Y esta invitación la rea-lizo ofreciendo procesos, nada de eventos que pueden quedar en fuego de artificios. Procesos que ayudan a las personas a madurar poco a poco en el camino de la fe en la medida en la que se liberan de los pesos de su historia y su conciencia y se abren a la misericordia de Dios.

Así ha sido, pues al celebrar en los tres últimos años el sacramento de la reconciliación, he podido observar, gratamente sorprendido, cómo todos los que han respondido con su presencia a la llamada de la misericordia de Dios, en Adviento y Cuaresma, todos libremente, han pasado ante el sacerdote a recibir la absolución y penitencia, y han participado habitualmente de las celebraciones de la eucaristía. Así han conquistado la libertad y han revocado esa lejana y arraigada costumbre de confesar y comulgar por Pascua florida, como lo mandaba la santa madre Iglesia. La llamada a la libertad y al estar vueltos a Dios, que tanto he recalcado en varios momentos pastorales, parece dar sus frutos.

Ser cristiano hoy también supone para mí vivir en permanente estado de conversión, que comenzó al leer en el *Diario de un cura rural* aquella expresión que se grabó en mi interior: "¡Cómo cambian mis ideas cuando las rezo!".

❸ Profesión de fe

Aquí solo puedo decir que he adquirido la costumbre de hacer una brevísima motivación a la profesión de fe en la celebración de la eucaristía. Mi intención es que la oración-recitación comunitaria del credo sea de *reafirmación creyente y expresión* de una fe arraigada en la vida. Precisamente por eso no estará demás recordar que, en muchas expresiones de la piedad popular, convergen la fe y la vida. En efecto, es en la vivencia de piedad popular que las personas del mundo rural expresan su vida y su fe: una vida atravesada por una fe sencilla, una fe tan recia que es capaz de sostener los avatares de una vida que no siempre es fácil.

Así, todo esto —vida, celebración de la eucaristía, confesión de fe, piedad popular, etc.—contribuye lentamente a vivir la fe en Jesucristo con conciencia comunitaria y a dar público testimonio suyo en todo momento y ocasión de la vida, y más si nos dejamos acompañar por la poderosa acción del Espíritu que nunca falta.

5 MIRADA GENERATIVA Y COMPLEMENTARIA, CON DINAMISMO INICIADOR

Termino a modo de síntesis. Con profunda humildad, pero con la abundante y sabrosa experiencia, puedo manifestar que me encuentro cómodo y contento en el rol de simple obrero de la viña del Señor, en este *persistente intento* de ir haciendo comunidad testimonial allí por donde aún me muevo: pueblo de Salamanca y residencia sacerdotal.

Vivir los diversos momentos del día como *oportunidad* me reporta consciente serenidad y paz interior. Paz, pero con los ojos bien abiertos para ver la manera de sortear la peligrosa idealización o polarización imperantes, tanto en la sociedad como en los ámbitos eclesiales. Trato de tener en cuenta ese movimiento de cintura y flexibilidad necesaria y fraterna, frente a posturas, también extremas, de modos de concebir y vivir la comunidad. Toda comunidad que sea capaz de *generar* conversos, creyentes integrados en pequeñas y nuevas comunidades, sean bienvenidas.

Cuando me veo miembro y partícipe de la Asociación Española de Catequetas, me lleva a sentirme esperanzado, aun cuando, por el momento vital en que estoy, siento reducidas mis posibilidades. Sigo necesitando conocer en profundidad los documentos eclesiales y catequéticos; poder compartir con cada hermana y hermano de la AECA sus pasos concretos, tanto en la reflexión como en la práctica catequética. Todo ello me llena de esperanza de que podremos en el futuro ser capaces de engendrar comunidades vivas y con experiencias hacia una vida cristiana, testimonial y alentadora.

ÍNDICE